Le Masque de fer

Alexandre Dumas
Adaptation du texte : Nicolas Gerrier

Audio

Durée : 94'
Format : MP3

Piste 1	Chapitre 1
Piste 2	Chapitre 2
Piste 3	Chapitre 3
Piste 4	Chapitre 4
Piste 5	Chapitre 5
Piste 6	Chapitre 6
Piste 7	Chapitre 7

Rédaction du dossier pédagogique : Nicolas Gerrier

Maquette de couverture : Nicolas Piroux

Photos de couverture : © istock - whitemay (le personnage), © istock - BlackAperture (le cadenas)

Maquette intérieure : Sophie Fournier-Villiot (Amarante)

Mise en pages : Atelier des 2 Ormeaux (Franck Delormeau)

Illustrations : Nicolas Thulie, sauf les illustrations pages 84 et 87 (©Shutterstock)

Enregistrements : Quali'sons

Comédien : Charles Morillon

ISBN : 978-2-01-628662-3
© HACHETTE LIVRE 2022, 58 rue Jean-Bleuzen, 92178 VANVES CEDEX, France.

Tous les droits de traduction, de reproduction et d'adaptation réservés pour tout pays. La loi du 11 mars 1957 n'autorisant, aux termes des alinéas 2 et 3 de l'article 41, d'une part, que « les copies ou reproductions strictement réservées à l'usage privé du copiste et non destinées à une utilisation collective » et, d'autre part, que « les analyses et les courtes citations » dans un but d'exemple et d'illustration, « toute représentation ou reproduction intégrale ou partielle, faite sans le consentement de l'auteur ou de ses ayants droit ou ayants cause, est illicite » (Alinéa 1 de l'article 40). Cette représentation ou reproduction, par quelque procédé que ce soit, sans autorisation de l'éditeur ou du Centre français de l'exploitation du droit de copie (20, rue des Grands-Augustins, 75006 Paris), constituerait donc une contrefaçon sanctionnée par les articles 425 et suivants du Code pénal.

Sommaire

L'œuvre

Chapitre 1
    Un secret d'État 5

Chapitre 2
    Le prisonnier 16

Chapitre 3
    L'évasion 24

Chapitre 4
    Le roi disparaît 32

Chapitre 5
    Un nouveau roi 41

Chapitre 6
    Deux rois à la cour 48

Chapitre 7
    Un homme malheureux 55

Activités

Chapitre 1 63
Chapitre 2 66
Chapitre 3 68
Chapitre 4 71
Chapitre 5 73
Chapitre 6 76
Chapitre 7 79
Activités de synthèse 81

Fiches

Fiche 1 : Alexandre Dumas 84
Fiche 2 : Le Masque de fer 87
Fiche 3 : Les Trois Mousquetaires 90

Corrigés des activités 93

LES PERSONNAGES

Aramis : ancien mousquetaire[1] du roi Louis XIII, aujourd'hui évêque de la ville de Vannes, son vrai nom est René d'Herblay.

Nicolas Fouquet : surintendant des finances, c'est-à-dire qu'il s'occupe de l'argent du Royaume.

Philippe : prisonnier sous le nom de Marchiali à la Bastille.

Louis XIV : roi de France, il a 23 ans.

Anne d'Autriche : reine du Royaume de France, veuve du roi Louis XIII et mère de Louis XIV.

La duchesse de Chevreuse : amie de la reine et ancienne maîtresse d'Aramis.

D'Artagnan : chef des gardes du roi Louis XIV, ancien mousquetaire du roi Louis XIII.

M. Baisemeaux : directeur de la prison de la Bastille.

Porthos : ancien mousquetaire.

---

[1] Un mousquetaire : un militaire chargé de la garde d'un personnage important, comme le roi.

CHAPITRE 1

Un secret d'État

Cette histoire commence en 1660 à Fontainebleau, dans le château du roi de France, Louis XIV. Deux hommes parlent des affaires du roi.

Le premier s'appelle Nicolas Fouquet. Il est le surintendant des finances du royaume depuis 1653. Il est fidèle au roi et espère devenir bientôt le successeur[1] du cardinal Mazarin, le premier ministre du roi.

Le second est l'évêque de la ville de Vannes, Monseigneur d'Herblay. Il est aussi connu sous le nom d'Aramis. C'est en effet l'un des anciens membres de la bande des quatre mousquetaires du roi Louis XIII, en compagnie d'Athos, de Porthos et de d'Artagnan.

Fouquet est un homme politique riche, puissant et ambitieux. Mais de nombreuses personnes sont jalouses de lui. Jean-Baptiste Colbert, par exemple, un ami très proche du cardinal Mazarin, veut prendre sa place. Il explique ainsi souvent au roi que Fouquet utilise très mal l'argent du royaume et qu'il faut le mettre en prison. Il est vrai que Fouquet dépense beaucoup d'argent pour sa vie de tous les jours. Il a aussi fait construire une forteresse sur son île de Belle-Île. C'est Aramis qui en a fait les plans et Porthos qui a participé à sa construction. Fouquet a maintenant une forteresse et des hommes pour pouvoir, si besoin, se défendre contre le roi. Le roi l'a appris de son fidèle d'Artagnan et, maintenant, il se méfie[2] lui aussi de son surintendant.

---

1 Le successeur : il prend sa place.
2 Se méfier : ne pas faire confiance.

CHAPITRE 1

— Colbert me demande d'organiser une fête pour le roi dans mon château de Vaux-le-Vicomte, dit Fouquet à Aramis.
— C'est une très bonne idée.
— Mais je ne peux pas, répond Fouquet. Je n'ai plus d'argent.
— Je vous donnerai dix millions.
— Vous ? Mais pourquoi voulez-vous me donner tout cet argent ?
— Je veux un roi dévoué[3] à M. Fouquet et un M. Fouquet dévoué à moi-même.

Fouquet s'étonne car le roi Louis XIV ne lui fait plus confiance et ne lui sera donc jamais fidèle.
— J'ai dit *un* roi, pas *le* roi ! reprend Aramis. C'est très différent.
— Je ne vous comprends pas.
— Imaginez un roi qui n'est pas Louis XIV mais un autre homme. Et cet autre homme devient roi grâce à vous.
— C'est impossible ! Un autre homme que le roi ne peut pas s'asseoir sur le trône[4] de France.
— Il en existe pourtant[5] un.

De qui Aramis veut-il parler ? Fouquet pense à Philippe d'Orléans, le frère du roi qu'on appelle Monsieur et qui est né en 1640, deux ans après Louis XIV.
— Non, ce n'est pas Monsieur.

Qui cela peut-il être ? Un prince qui n'est pas de la famille royale n'a pas le droit de monter sur le trône.
— Mon roi, dit Aramis, disons plutôt votre roi, a tous les droits pour occuper cette place.
— Ma tête tourne ! À qui pensez-vous ? Expliquez-vous !
— Pas maintenant, je le ferai au bon moment.

Fouquet doute[6] des paroles d'Aramis et veut en savoir plus.

---

3   Dévoué : prêt à tout pour lui.
4   Le trône : le fauteuil sur lequel le roi s'assied, le signe de son pouvoir.
5   Pourtant : en réalité, il existe un autre homme qui peut s'asseoir sur le trône du roi.
6   Douter : ne pas croire.

Mais Aramis ne dit rien de précis. Il lui répond avec les paroles de Jésus à saint Pierre et à saint Paul :

— « Homme de peu de foi, pourquoi doutez-vous ? »
— Je doute car je ne vois pas de qui vous parlez.
— « Un jour viendra où tes yeux s'ouvriront. »
— Oh ! Je veux vous croire…
— … mais vous ne me croyez pas. Pourtant vous êtes devenu procureur général, puis intendant et ministre grâce à moi.

Fouquet se pose des questions sur l'attitude d'Aramis. Pourquoi lui parle-t-il avec cette confiance aujourd'hui ? Il parle de renverser[7] un roi et d'en choisir un autre. Doit-il le croire ? L'évêque de Vannes est-il aussi puissant ?

— Je vous parle ainsi car la voie est libre depuis hier et je suis en effet puissant. D'ailleurs, je vous ai offert dix millions. Et je vous les offre encore.

Fouquet retombe sur son fauteuil et se prend la tête entre les mains. Comment cet homme peut-il être aussi puissant pour lui parler ainsi ? Aramis regarde le surintendant avec supériorité. Il lui dit simplement avant de quitter la pièce :

— Dormez tranquille. Nous nous reverrons demain à la promenade du roi.

*

Fouquet doute de la puissance d'Aramis car il ne sait pas la chose suivante : la veille[8] de leur discussion, Aramis est devenu le gouverneur général des Jésuites[9]. Son prédécesseur à ce poste l'a choisi juste avant de mourir en échange d'un secret d'État. L'ordre des Jésuites a en effet besoin d'un secret pour garder du

---

7   Renverser : faire partir le roi du trône.
8   La veille : le jour d'avant.
9   Les Jésuites : la Compagnie de Jésus est un ordre religieux créé au XVIe siècle.

pouvoir sur le roi de France. Et Mme de Chevreuse, l'ancienne maîtresse d'Aramis, lui a dit ce secret il y a déjà quinze ans.

Madame de Chevreuse est la meilleure amie de la reine Anne d'Autriche, la mère du roi. Mais le roi, comme son père Louis XIII, la déteste et elle n'a plus le droit d'accéder à la cour[10]. La reine ne l'a donc pas vue depuis longtemps et la croit morte. Madame de Chevreuse a des problèmes d'argent. Elle a besoin de cinq cent mille écus pour réparer son château de Dampierre. Et elle espère obtenir cet argent en échange de sept lettres écrites par le cardinal Mazarin. Celles-ci accusent Fouquet de voler l'argent dans les coffres de l'État.

Alors, Madame de Chevreuse va tout d'abord voir Aramis. Mais celui-ci ne veut pas lui acheter les lettres, même pour protéger son ami Fouquet. Il pense en effet qu'elles sont fausses. Madame de Chevreuse va ensuite trouver Colbert. Elle sait qu'il rêve de prendre la place de Fouquet. Colbert est intéressé mais il ne veut pas donner autant d'argent. Après une longue conversation, Madame de Chevreuse lui donne les lettres contre cent mille écus et contre une lettre qui lui permet de rendre visite à la reine.

Comme convenu avec Colbert, Madame de Chevreuse se présente au Palais-Royal habillée en religieuse. Elle porte un masque noir et dit apporter un médicament pour combattre le cancer dont souffre la reine. Les gardes vérifient la lettre puis la laissent passer. Lorsqu'elle se retrouve seule avec Anne d'Autriche, elle dit :

— Je suis venue vous voir de la part d'une de vos amies.

— Prouvez-le, répond la reine.

— C'est facile. Quel malheur est-il arrivé à Votre Majesté depuis vingt-trois ans ?

La reine ne comprend pas la question et la duchesse précise :

---

10 La cour : les personnes qui ont le droit d'approcher le roi.

— Depuis la naissance de votre fils, le roi Louis XIV, un secret bien gardé est-il responsable de votre douleur ?

La reine souffre en silence pour cacher son émotion. La fausse religieuse lui raconte alors l'histoire de la naissance de Louis XIV.

Le roi Louis XIV est né le 5 septembre 1638 à onze heures et quart. Gaston d'Orléans, le frère de Louis XIII, ainsi que quelques princes et des dames de la cour ont assisté à l'accouchement. Le médecin du roi et le chirurgien Honoré attendaient eux dans une pièce à côté. À midi et demi, on l'a reconnu comme héritier de la couronne de France en présence de son père, Louis XIII, et de Monseigneur de Meaux. Louis XIII est ensuite allé écouter le Te Deum[11] dans la chapelle du château de Saint-Germain. Vers trois heures, la reine s'est endormie et elle s'est réveillée vers sept heures.

— Tout cela est vrai, dit Anne d'Autriche, mais tout le monde connaît cette histoire.

— En effet. Mais je vais maintenant vous dire une chose que seulement trois personnes vivantes savent.

Madame de Chevreuse continue son récit. À huit heures du soir, le roi dînait au milieu des cris de joie. Le peuple hurlait sous les balcons du château, les gardes et les mousquetaires chantaient avec des étudiants ivres[12] dans la ville. Tout à coup, la reine a poussé un cri et la sage-femme Péronne est allée dans sa chambre. La reine pleurait et avait très mal. On est allé prévenir le roi avec une simple phrase pour n'inquiéter personne : « Sire, la reine est bien heureuse et le serait encore plus de voir Votre Majesté ». Le roi, gai et léger, s'est alors levé et a dit bien fort : « Messieurs, je vais voir ma femme ». Quand il est arrivé dans la chambre de la reine, la sage-femme lui a tendu un second prince. Il était beau et fort comme le premier. Le roi a alors crié : « Merci, mon Dieu ! ».

---

11 Te deum : chant religieux.
12 Ivre : qui a bu trop de vin.

La fausse religieuse arrête son histoire car elle se rend compte que la reine souffre. Anne d'Autriche est immobile dans son fauteuil, la tête penchée et le regard fixe. Ses lèvres semblent réciter une prière vers Dieu. Ou bien elle maudit[13] la religieuse.

— Vous n'êtes pas une mauvaise mère, Madame. Des personnes savent que vous avez beaucoup pleuré. Elles ont vu vos baisers à ce pauvre enfant. Le jumeau[14] du roi a eu une vie de misère et d'ombre par la raison d'État[15].

— Mon Dieu, murmure la reine.

La religieuse continue. Le roi a eu très vite peur pour la tranquillité de la France. Il a demandé conseil au cardinal de Richelieu qui lui a dit : « Le premier né suffit pour succéder à son père. Il faut cacher l'autre enfant à la France comme Dieu l'a caché à ses parents ».

— Un prince, dit la religieuse, c'est la paix et la sécurité pour l'État. Deux, c'est la guerre et l'anarchie[16].

— Vous en savez trop ! crie la reine les poings serrés. Enlevez votre masque ou mes gardes vont vous arrêter. Ce secret ne me fait pas peur. Ceux qui vous l'ont raconté sont de faux amis. Ce secret et votre vie ne vous appartiennent plus à partir de maintenant !

Anne d'Autriche s'avance vers la religieuse. Celle-ci enlève son masque.

— Madame de Chevreuse !

— La seule personne avec vous à connaître ce secret, Votre Majesté.

— Embrassez-moi, duchesse ! Vous m'avez presque tuée avec cette très triste histoire.

La reine appuie sa tête sur l'épaule de la vieille duchesse et se met à pleurer.

---

13 Maudir : demander qu'un grand malheur arrive à une personne.
14 Un jumeau : un enfant né lors du même accouchement que son frère ou sa sœur.
15 La raison d'État : les actions décidées par le roi pour protéger son royaume.
16 L'anarchie : l'absence d'une autorité.

— Vous m'avez dit heureuse ? dit la reine. Pourtant, je pense être la plus malheureuse des créatures humaines.

— Vous avez eu des malheurs terribles en tant que mère, Madame. Mais le monde rêve des joies d'une reine.

— Lesquelles ? Mon cœur et mon corps ont besoin de remèdes[17].

— Les rois sont loin des autres hommes. Ils sont comme l'habitant des montagnes africaines. Son herbe est belle grâce aux torrents des glaciers. Et il ne comprend pas l'habitant de la plaine qui meurt de faim et de soif sur sa terre brûlée par le soleil.

La reine comprend et rougit. Elle est heureuse de revoir son amie car elle la croyait morte.

— Ne vous inquiétez pas, dit la duchesse, vous apprendrez ma mort car vous recevrez le lendemain notre correspondance[18] d'autrefois.

— Vous n'avez pas brûlé mes lettres ?

— Seuls les traîtres[19] brûlent une correspondance royale. Ou bien ils disent la brûler. Mais en fait, ils la gardent ou la vendent. Les fidèles comme moi disent : « Je vais bientôt mourir, votre secret n'est plus en sécurité, prenez ce papier et brûlez-le vous-même, il est trop dangereux. »

— Vous avez un papier dangereux pour moi ?

— Un seul. Il date du 2 août 1644. Vous me demandiez d'aller à Noisy-le-Sec pour voir cet enfant. Vous m'avez même écrit : « cher malheureux enfant. »

Les deux femmes se taisent un instant. Madame de Chevreuse met en place son piège[20]. Mais la reine lui répond :

— Il est bien malheureux en effet, il a eu une triste vie et une fin cruelle.

---

17 Un remède : il soigne les maladies.
18 Une correspondance : un échange de lettres entre deux personnes.
19 Un traître : il fait quelque chose de grave contre un ami.
20 Un piège : une action pour mettre quelqu'un en difficulté.

– Il est mort ? À Noisy-le-Sec ?

La reine confirme, heureuse de voir que la duchesse semble surprise par cette nouvelle. Mais la reine dit-elle la vérité ? Madame de Chevreuse sait qu'un soir de l'année 1645, une dame belle et majestueuse était venue à Noisy-le-Sec. Elle avait arrêté son carrosse au bout de la route.

– Vous savez, à l'endroit où j'attendais les nouvelles du jeune prince, quand Votre Majesté m'envoyait à Noisy.

– Et donc ?

– Le lendemain de cette visite, l'enfant et le gouverneur étaient partis.

– C'est exact. Mais l'enfant est mort ensuite, subitement. Les médecins disent que la vie d'un enfant de moins de sept ans tient à un fil[21].

– Pourtant quelqu'un a reconnu le gouverneur et l'enfant en Touraine un peu plus tard. Ils étaient gais et heureux. L'un était dans une belle vieillesse et l'autre dans une belle jeunesse. Mais ce sont sans doute des bruits… On raconte tellement de choses. Comment croire à tout ce qui se passe dans le monde… Mais je ne veux pas vous fatiguer et je vais vous quitter.

La reine garde encore un peu la duchesse avec elle. Elle veut en savoir plus sur sa vie actuelle. Les deux femmes se promettent de rester amies et la reine veut lui donner une preuve de son amitié : la duchesse peut lui demander ce qu'elle veut.

– Vous pouvez me faire une joie extraordinaire : venez passer quelques jours dans mon château de Dampierre.

– C'est tout ? D'accord, si ma présence peut vous être utile.

– Oh, non, pas utile, mais douce et agréable.

« C'est une femme bonne et généreuse. » pense la reine. La duchesse demande simplement à la reine d'attendre quinze jours avant de venir. Car, personne ne veut lui prêter les cent mille écus

---

21 Tenir à un fil : être fragile.

pour réparer Dampierre. Mais, bientôt, on lui prêtera de l'argent car on saura que les deux femmes se voient de nouveau.

— Il vous faut cent mille écus ? dit la reine. Je vous les prête, moi.

La reine signe un document pour le prêt d'argent. Puis, les deux femmes s'embrassent et se séparent.

CHAPITRE 2

LE PRISONNIER

Aramis est dans le bureau du gouverneur de la prison de la Bastille, M. Baisemeaux. Un sergent apparaît à la porte. Il informe le gouverneur qu'un prisonnier est malade et demande à voir un confesseur[1]. Aramis n'est pas surpris. Quelques jours plus tôt, lors d'une visite à la prison, il a glissé un billet dans le pain d'un prisonnier du nom de Marchiali. C'est le nom donné à Philippe, le frère jumeau du roi Louis XIV. Sur le billet, Aramis lui demandait de prétendre[2] être malade tel jour à telle heure et de demander à voir un confesseur.

Le gouverneur accompagne Aramis jusqu'à la cellule du prisonnier. Celui-ci y entre seul avec une lanterne à la main et demande qu'on referme la porte derrière lui. Un jeune homme est allongé sur le lit.

– Que voulez-vous ? dit le prisonnier.

– Vous ne voulez pas voir un confesseur ?

– Je vais mieux, je n'en ai plus besoin.

– Même d'un confesseur qui doit vous faire une grande révélation ?

– Dans ce cas, je vous écoute. Mais d'abord, qui êtes-vous ? Je crois vous avoir déjà vu.

Aramis lui explique être le cavalier qui venait à Noisy-le-Sec avec une dame habillée de soie noire et avec des rubans de couleur dans les cheveux. Philippe l'a en effet bien reconnu :

---

1 Un confesseur : il écoute une personne parler de ses péchés.
2 Prétendre : faire croire.

– Je me souviens en effet. Vous êtes donc l'un des mousquetaires du roi Louis XIII ?

– Oui. J'étais aussi abbé quand vous étiez à Noisy. Je suis maintenant évêque et je suis votre confesseur aujourd'hui. Mais vous devez savoir ceci : je risque ma vie en étant ici.

La dernière phrase intrigue[3] le jeune homme. Il se lève et regarde son visiteur droit dans les yeux. Le regard d'Aramis lui donne confiance en lui.

– Je me souviens très bien de vous et de la femme aux rubans de couleur. Une autre femme venait tous les mois. Je l'ai vue une fois avec un homme de quarante-cinq ans environ. Ce sont les seules personnes que je voyais à Noisy avec mon précepteur[4] et ma nourrice[5], la vieille Perronnette. Ici, je ne vois que le gardien et le gouverneur de la prison.

À Noisy-le-sec, Philippe ne se sentait pas en prison. Pourtant, il ne franchissait jamais les murs du jardin. Aujourd'hui, il ne désire rien car il ne connaît rien du monde.

– Vous devrez donc tout m'apprendre, dit Philippe. Commencez par mon précepteur. Qui était-il ? D'après lui, mes parents sont morts. Est-ce vrai ?

– Cet homme avait l'ordre de vous mentir. Votre père est mort mais votre mère est vivante.

– Celui qui m'a enfermé à la Bastille doit être très puissant. Ma nourrice et mon précepteur étaient des dangers pour lui ?

– Oui. Il les a empoisonnés[6] tous les deux.

– Je me doutais de leur mort. Mon ennemi doit être cruel ou bien il ne pouvait pas faire autrement. Mais ces deux personnes ne faisaient de mal à personne.

---

3   Intriguer : éveiller l'intérêt.
4   Un précepteur : un professeur.
5   Une nourrice : elle élève un enfant pour une autre personne.
6   Empoisonner : donner une substance qui provoque la mort.

Philippe s'appuie sur les coudes et approche une nouvelle fois son visage de celui d'Aramis. Ce dernier sent une force impressionnante chez le jeune homme.

Philippe appelait son précepteur « mon père », mais cet homme lui parlait avec trop de respect. Il savait qu'il n'était pas son fils. Par contre, Philippe se demandait souvent qui il était. Pourquoi on lui apprenait les mathématiques, la géométrie et l'astronomie ? Pourquoi on le faisait monter à cheval et on lui apprenait à se servir des armes ? Un matin (il devait avoir quinze ans environ), il dormait, fatigué par sa leçon d'escrime. Il a entendu son précepteur appeler Perronnette plusieurs fois. Il les a ensuite vus par le trou d'un volet discuter ensemble. Ils parlaient d'une lettre de la reine tombée dans le puits[7]. Son précepteur voulait descendre lui-même la chercher dans le puits car personne ne devait lire la lettre. Mais Perronnette trouvait cela trop dangereux. Ils sont alors partis chercher ensemble un jeune villageois. Philippe est descendu dans le puits sans attendre leur retour. Il a trouvé la lettre puis a couru dans sa cachette[8] au fond du jardin.

— Vous avez lu la lettre ? L'encre n'était pas effacée ?

— J'ai lu assez pour comprendre que Perronette était plus qu'une servante et que mon précepteur était un gentilhomme[9]. J'ai lu assez pour comprendre que la reine Anne d'Autriche et le cardinal Mazarin s'occupaient de moi.

Le jeune villageois n'a évidemment pas trouvé de lettre au fond du puits et Philippe est tombé malade à cause de ses vêtements mouillés[10]. Pris d'une forte fièvre, il a tout raconté, même où il avait caché la lettre. Son précepteur a retrouvé la lettre et prévenu la reine de cet événement.

---

7   Un puits : un trou dans le sol pour prendre de l'eau.
8   Une cachette : un endroit d'où on voit sans être vu.
9   Un gentilhomme : il appartient à la noblesse de son pays.
10 Mouillés : avec de l'eau dessus.

Aramis comprend alors pourquoi on a empoisonné le précepteur et la nourrice et enfermé Philippe à la Bastille.

– Ne nous occupons pas des morts, dit Aramis. Occupons-nous du vivant !

Mais Philippe est fatigué. Il n'a ni regret ni ambition et ne rêve pas de liberté. On ne lui a pas appris le goût du passé et du présent. D'ailleurs, il dit ne rien savoir de l'histoire de France car on ne lui donnait pas de livres et n'a jamais vu son visage car il n'y avait pas de miroir dans sa maison. Aramis commence par lui raconter ce qui s'est passé en France depuis sa naissance, il y a vingt-trois ans. Quand il parle de Louis XIII, Philippe demande avec un petit sourire :

– Il est mort sans enfant ?

– Lui et sa femme ont attendu longtemps. Mais, un jour, Anne d'Autriche…

Le prisonnier réagit vivement à ce nom. Sait-il que la femme de Louis XIII s'appelle Anne d'Autriche ?

– Avant de continuer, dit Aramis, vous devez savoir ceci : peu de gens connaissent le secret que je vais vous raconter.

Aramis lui raconte alors la naissance de Louis XIV.

– Puis, la reine a un deuxième enfant…

– Oh ! dit le prisonnier, Monsieur n'est-il pas né deux ans plus tard ?

Aramis comprend avec cette question que le prisonnier a des connaissances en histoire de France.

– Je ne vous parle pas de Monsieur. Mais de quelques heures après la naissance de Louis XIV. La reine a un deuxième enfant que la sage-femme, dame Perronnette, prend dans ses bras.

« Dame Perronnette… » murmure le jeune homme.

– Le roi a donc deux fils jumeaux. Il prend peur car, en France, c'est l'aîné des fils qui règne[11] après le père.

---

11 Régner : gouverner pour un roi.

– Je sais cela, dit le prisonnier qui sait beaucoup plus de choses qu'il ne le dit.

– Mais lequel est l'aîné ? Les médecins et les juristes ne savent pas exactement.

Le prisonnier pousse un cri et devient encore plus blanc que les draps de son lit. Il comprend les peurs de ce roi de voir un jour les deux frères se battre pour le royaume.

– Voilà pourquoi l'un des fils d'Anne d'Autriche a disparu. Seuls sa mère, la femme aux rubans de couleur dans les cheveux et moi connaissons son existence.

Philippe demande à voir un portrait du roi Louis XIV. Aramis lui en donne un. On y voit un roi fier et beau. Il lui tend ensuite un miroir. Le jeune homme regarde avec insistance le portrait et son image. La ressemblance lui fait peur, car il est évident qu'il est le frère du roi. Il est aujourd'hui encore un danger pour son frère. Aramis se demande lequel est le véritable roi.

— C'est celui qui est sur le trône et qui a le pouvoir, répond Philippe. Pas celui qui est en prison.

— Le roi peut être celui qui sort de prison et que des amis mettent sur le trône.

— Ne me tentez pas !

Philippe élève la voix[12]. Il ne se sent pas capable d'être l'homme dont parle Aramis. Il a grandi loin du monde et loin de la cour. Il est prisonnier. Comment peut-il avoir des amis ? Il n'a ni argent ni puissance ni liberté.

— Je suis un de ces amis, votre Altesse Royale.

— Ne m'appelez pas ainsi !

Philippe ne se voit pas dans le rôle du roi. L'ancien mousquetaire lui parle de puissance et de grandeur mais ils sont dans une prison obscure. Il doit le faire sortir et l'armer avant de le faire rêver de royauté. Aramis est prêt à tout cela. Mais le prisonnier le veut-il ?

— Ne me promettez pas l'impossible, dit Philippe. Rendez-moi la liberté, c'est déjà beaucoup. Mais vous ne pouvez pas me donner plus.

Aramis est impressionné par les paroles réfléchies de Philippe. Il l'appelle une nouvelle fois « mon roi ». Philippe réagit durement. Il n'a pas besoin d'être un roi pour être le plus heureux des hommes.

— Et moi, j'ai besoin de vous comme roi pour le bonheur de l'humanité. Vous avez de nombreux et puissants amis qui pensent comme moi. Je vous expliquerai tout cela quand vous serez sur le trône.

— Et mon frère ?

— Vous déciderez de son sort[13].

— Il pouvait venir me trouver ici et me rendre la liberté. J'aurais accepté de le servir. Mais aujourd'hui, j'ai des coupables à punir.

---

12 Élever la voix : parler plus fort.
13 Son sort : son avenir.

Pour Aramis, Louis XIV doit prendre la place de Philippe en prison.

Il est temps pour Aramis de laisser Philippe. La prochaine fois, il viendra pour lui rendre sa liberté. D'ici là, Philippe ne doit parler à personne de leur discussion.

– Je vous dis une dernière chose, ajoute Philippe. Si vous êtes venu pour me perdre, si vous êtes du côté de mes ennemis et que la mort m'attend, je vous pardonne. Car cela fait huit ans que la captivité[14] me fait mal. Si vous êtes venu pour me rendre la place que Dieu a prévue pour moi, je vous bénis et je vous remercie. La moitié de ma puissance et de ma gloire sera pour vous.

– Ce n'est pas à vous de remercier. Ce sera aux peuples que vous rendrez heureux.

Le jeune homme tend la main. Aramis s'agenouille et l'embrasse. Puis il tape sur la porte de la cellule. M. Baisemeaux ouvre. Le gouverneur est étonné car leur discussion était très longue : ce prisonnier ne sort jamais de sa cellule mais il avait de très nombreux péchés[15] à se faire pardonner !

---

14 La captivité : la prison.
15 Un péché : une action vue comme une faute par la religion.

CHAPITRE 3

L'ÉVASION

Le surintendant Fouquet possède une maison dans le village de Saint-Mandé. C'est là qu'Aramis vient le voir pour lui demander un service. Il a besoin d'une lettre de Fouquet adressée au ministre M. de Lyonne pour faire sortir un prisonnier de la Bastille. Ce prisonnier s'appelle Seldon et est enfermé depuis dix ans. Il a pourtant simplement écrit deux vers en latin contre les jésuites. Fouquet est révolté par cette affaire. Il donne la lettre à Aramis et ajoute même dix mille livres à donner à la mère de ce prisonnier.

Aramis repart ensuite vers Paris. Il se rend à la Bastille à sept heures du soir. C'est l'heure du repas des prisonniers. C'est également l'heure du souper[1] qu'il va partager avec M. Baisemeaux. Le menu du soir comprend des hors-d'œuvre et des soupes, des perdrix rôties et des cailles[2]. Aramis est redevenu un vrai mousquetaire. Il boit beaucoup et remplit souvent le verre du gouverneur. Il est gai et fait de nombreuses confidences. Le gouverneur est ravi de la bonne ambiance de ce repas. Ils ont déjà bu quatre bouteilles et le gouverneur est ivre quand François, son domestique[3], le prévient qu'on lui apporte une lettre. Mais le gouverneur ne veut pas le savoir et préfère continuer à dîner.

— Attention, lui dit Aramis, les courriers pour le gouverneur d'une prison sont parfois des ordres des ministres ou du roi.

— C'est vrai. Mais c'est ennuyeux quand on est en train de

---

1 Le souper : le dîner.
2 Perdrix et cailles : des oiseaux qu'on mange lors de grands repas.
3 Un domestique : il s'occupe de la maison du gouverneur.

dîner en tête à tête avec un ami ! Les ordres du roi sont sacrés mais quand ils viennent avec la soupe…

Aramis insiste et Baisemeaux finit par accepter le courrier. Il s'agit d'une demande « pressée » de remise en liberté d'un prisonnier. Aramis demande de lire la lettre. Baisemeaux accepte.

– Il y a écrit « pressé » sur la feuille, dit Aramis. Vous avez vu ?
– « Pressé » ? Cet homme est là depuis dix ans et à huit heures du soir, on doit être « pressé » de le mettre dehors !

Baisemeaux jette l'ordre sur la table et se remet à manger.

– Baisemeaux, dit Aramis. Je suis un évêque. La charité est plus importante que la soif et la faim. Ce malheureux a assez souffert.
– Vous le voulez ? Mais dans ce cas, nous mangerons froid !
– Je vous en supplie.

Baisemeaux se tourne alors vers la porte pour appeler. Aramis en profite pour échanger la lettre contre une autre qui était dans sa poche. Tout à coup, Baisemeaux pense avoir trouvé une bonne excuse pour ne rien faire :

— Mais où ira-t-il à cette heure ? Il ne connaît pas Paris !

— J'ai un carrosse, je peux l'amener où il veut.

— Vous avez réponse à tout. François, dites au major d'aller ouvrir la prison de M. Seldon.

— Vous voulez dire Marchiali, le reprend Aramis.

Mais Baisemeaux est sûr de lui.

— J'ai lu Seldon en lettres grosses comme ça.

— Et moi, j'ai lu Marchiali en caractères gros comme ceci.

Aramis prend la lettre sur la table et la déplie. Il y a bien écrit Marchiali. Baisemeaux ne comprend pas car il est certain d'avoir lu le nom de Seldon sur la lettre.

— Il y avait aussi une tache d'encre sous le nom. Elle n'y est plus !

— Mais non, il n'y avait pas de tache.

— Mais si.

— Avec ou sans tache, il est marqué de libérer Marchiali.

Baisemeaux est également très étonné car Marchiali est un prisonnier très spécial. Tous les jours on lui demande de prendre bien soin de lui. Aramis insiste :

— L'ordre est de délivrer Marchiali et vous allez le faire.

— L'ordre est de délivrer Marchiali, répète le gouverneur pour essayer de bien comprendre la situation.

Baisemeaux reprend la lettre et la tourne dans tous les sens. Il n'y a pas de doute, il y a bien écrit Marchiali. Mais il hésite encore. Il veut se renseigner, rappeler le courrier, peut-être même interroger le ministre.

— À quoi cela sert-il ? demande Aramis.

— À ne pas se tromper ! Les signatures du roi et de M. de Lyonne sont peut-être fausses. Et je ne vois d'ailleurs plus de signatures sur cette lettre.

Aramis prend alors une feuille de papier et écrit dessus que lui, général de l'ordre des Jésuites, considère que l'ordre est bon et doit être réalisé sur-le-champ[4]. Le gouverneur est rassuré et ému de la grandeur de l'évêque. Il tremble.

— Du courage ! lui dit Aramis. Levez-vous, donnez-moi votre main et obéissez !

— Tout de suite.

— Mais avant, faisons honneur à ce dessert.

Mais Baisemeaux réfléchit encore : si l'ordre est un faux, la lettre de l'évêque est-elle suffisante pour le protéger ? Il ne le croit pas. Aramis sent la nouvelle hésitation du gouverneur et dit :

— Je réfléchis pour vous, alors arrêtez de réfléchir.

— Mais comment je vais m'y prendre ?

— He bien faites comme toujours : suivez le règlement. Tout cela est simple.

Baisemeaux appelle son lieutenant et lui donne l'ordre d'aller chercher le prisonnier. Une demi-heure plus tard, les deux hommes entendent une porte qui se referme dans la cour. Baisemeaux rejoint ses hommes, puis il lit au prisonnier l'ordre de le libérer. Le prisonnier écoute sans faire un geste ni dire un mot.

— Maintenant que vous êtes libre, lui dit le gouverneur, où voulez-vous aller ?

Le prisonnier tourne la tête. Il semble chercher quelqu'un. C'est à ce moment-là qu'Aramis se montre.

— Je suis là, dit Aramis. Je vous conduis où vous voulez. Montons dans mon carrosse.

Aramis donne l'ordre au cocher[5] de rouler. La voiture franchit les différentes cours de la prison. Aramis et le prisonnier retiennent leur souffle : vont-ils réussir à quitter la Bastille ? Mais les gardes les laissent passer sans problème et les barrières s'ouvrent devant le frère jumeau du roi.

Enfin, la dernière porte de la prison se referme derrière

---

4 Sur-le-champ : immédiatement.
5 Un cocher : il conduit une voiture à cheval.

le carrosse. Il n'y a plus de murs ni à gauche ni à droite. Il ne reste plus que la liberté.

Le carrosse s'éloigne rapidement de Paris. Puis il s'arrête au milieu d'une forêt.

— Que se passe-t-il ? demande Philippe.

— Votre Altesse Royale et moi avons besoin de parler. Ici, personne ne peut nous entendre.

— Je vous écoute. Dites-moi ce que je suis aujourd'hui et ce que je serai demain.

— Vous êtes le fils de Louis XIII, le frère du roi Louis XIV, vous êtes l'héritier naturel et légitime[6] du trône de France. Demain ou après-demain vous vous assiérez sur le trône de France. Mais il y a aussi dans le Bas-Poitou un endroit que je suis le seul à connaître. Il s'agit d'une campagne où vous pouvez vivre libre et heureux. Voici un sac avec suffisamment d'argent pour être le plus riche, le plus libre et le plus heureux des hommes dans cet endroit. Mon serviteur, qui est muet[7], peut vous y conduire cette nuit-même. À vous de choisir. Sur le trône, vous pouvez être assassiné ou finir en prison. Là-bas, dans le Poitou, vous ne risquez rien. À votre place, j'hésiterai.

Philippe demande à réfléchir. Il sort du carrosse et fait quelques pas hésitants dans la forêt. Aramis le suit, inquiet de la décision du jeune homme. Cette nuit du 15 août est belle. Philippe respire fort et croise ses bras sur sa poitrine. Cette nature lui plaît. Y a-t-il autre chose de plus beau dans le monde ? Aramis est-il fou de penser qu'on peut rêver d'une autre vie ? Philippe regarde le ciel et espère un signe de Dieu pour l'aider dans sa décision. Que doit-il faire ? Dix minutes plus tard, il revient vers Aramis et lui saisit la main :

---

6 Légitime : accepté par la loi.
7 Muet : il ne peut pas parler.

CHAPITRE 3

— Allons où se trouve la couronne[8] de France !
— C'est votre décision, mon Prince ?
— C'est ma décision.
— Irrévocable[9] ?

Philippe ne répond pas mais regarde Aramis avec une grande détermination[10]. À cet instant, Aramis est persuadé que ce roi sera un grand roi.

Philippe veut connaître la suite. Aramis lui apprend qu'il sera roi le lendemain soir. Il lui avait fait passer en prison un cahier avec des descriptions de toutes les personnes de sa cour. Il avait même dessiné des portraits de chacun. Il interroge Philippe pour savoir s'il a tout compris et retenu. Ils parlent ainsi de son frère, de sa mère, de Madame de La Vallière, la maîtresse du roi, et de tous les ministres.

— À propos de Fouquet, vous voulez que je l'envoie en exil ?
— Vous avez tout compris !

Aramis le met en garde contre son ami le capitaine des mousquetaires, M. d'Artagnan. C'est l'homme de main[11] du roi. S'il découvre leur complot, il les arrêtera et les fera mourir. Il doit par contre s'occuper d'un autre ancien mousquetaire, Athos, le comte de la Fère et son fils Raoul de Bragelonne. Raoul est amoureux de Madame de La Vallière. Mais il est désespéré car elle aime le roi. Philippe promet que Raoul retrouvera son amoureuse.

Aramis a déjà en tête les plans pour ses amis, ses ennemis et pour lui. Il veut prendre la place de Fouquet et devenir premier ministre du roi. Mais il doit attendre un peu pour ne pas éveiller les soupçons. Par contre, Philippe peut rapidement le nommer cardinal.

---

8 Une couronne : le roi la porte sur la tête.
9 Irrévocable : qu'on ne change pas.
10 Une détermination : il sait ce qu'il veut.
11 L'homme de main : il règle les affaires criminelles pour le roi.

— Vous serez cardinal avant deux mois, dit Philippe. Mais c'est peu de chose. Demandez-moi plus !

— Je vous donne le trône de France, vous me donnerez le trône de Saint-Pierre lorsque vous me ferez pape. Nous aurons chacun notre royaume. À nous deux l'univers : à vous les corps et à moi les âmes. Que dites-vous de mon plan, Monseigneur ?

— Je suis heureux et fier, Monsieur d'Herblay. Je vous ferai cardinal, premier ministre et pape. Embrassez-moi et soyez mon père.

Aramis ressent un sentiment nouveau dans son cœur.

— Son père ! se dit-il. Saint-père !

Il va réussir son plan. Il est déjà riche. Bientôt, il mettra son roi sur le trône, il se débarrassera de Fouquet, deviendra premier ministre du roi et pape !

Les deux hommes remontent dans le carrosse et prennent la route de Vaux-le-Vicomte.

CHAPITRE 4

Le roi disparaît

Monsieur Fouquet a fait construire le château de Vaux-le-Vicomte en 1656. Il n'y avait alors plus d'argent en France et, pourtant, il a dépensé des millions pour en faire une demeure exceptionnelle. Trois hommes célèbres y ont travaillé : l'architecte Le Vau, le dessinateur des jardins Le Nôtre et le décorateur des appartements Le Brun.

En ce 15 août, Fouquet donne dans son château une grande fête royale grâce à l'argent d'Aramis. En échange, Aramis a le droit d'organiser la fête comme il veut. Il a donc fait préparer toutes les chambres pour réussir son plan et a placé des gardes devant chaque porte. Il occupe la chambre bleue du deuxième étage, juste au-dessus de la chambre du roi.

Le soir venu, Aramis fait glisser le parquet du plancher de sa chambre. L'ouverture correspond à des fausses fenêtres dessinées sur le plafond de la chambre du roi.

— Installez-vous là, dit-il à Philippe et observez le coucher du roi. Vous le voyez ?

— Je vois le roi, oui. Il n'est pas seul, il y a un homme à côté de lui. C'est Colbert.

Philippe reconnaît l'homme grâce aux portraits du carnet de notes faits par Aramis.

— Colbert est seul avec le roi ?, se demande Aramis, cela n'est pas bon pour M. Fouquet.

Colbert est en train de parler de la splendeur de la fête avec le roi.

— Dîtes-moi, Colbert, dit le roi, M. Fouquet m'a donné un trop beau repas. Mais où trouve-t-il cet argent ? Il a des frais énormes !
— Les vivants et les morts savent que M. Fouquet est très riche.
— Que voulez-vous dire ?
— Les vivants voient la richesse et les morts savent d'où elle vient. Et ils accusent.

Aramis, depuis sa cachette, comprend tout de suite et dit à Philippe :
— Regardez bien et écoutez bien ! Vous êtes bien placé pour apprendre votre métier de roi.

Colbert tend au roi une des lettres qu'il a achetées à Madame de Chevreuse. Le roi reconnaît tout de suite l'écriture du cardinal Mazarin. Il lit la lettre mais ne comprend pas bien. Colbert lui explique qu'il s'agit d'argent du royaume donné à Fouquet et que celui-ci n'a jamais remboursé.
— Il s'agit de treize millions, sire. Alors que vous, vous n'avez pu dépenser que trois millions pour votre château de Fontainebleau. Fouquet peut donc donner de belles fêtes avec votre argent...

Le roi hésite à faire arrêter Fouquet tout de suite. Mais la lettre dit-elle la vérité ? Et peut-il le faire alors qu'il est invité dans la maison de Fouquet ?
— Le roi est partout chez lui sire, dit Colbert. Vous avez payé cette maison en plus...

Mais le roi change de conversation. Il décidera demain et renvoie Colbert. Ce dernier repart déçu. Puis, le roi appelle ses serviteurs pour préparer son coucher. Philippe va quitter sa cachette mais Aramis l'arrête :
— Restez, Monseigneur. Le coucher du roi est important. Regardez et apprenez comment vous vous mettez au lit !

*

Le lendemain, la fête continue. Elle est toujours extraordinaire. Lorsque le soir vient, le roi décide de se promener dans le parc. Il fait quelques pas avec Colbert, puis croise Madame de la Vallière. Celle-ci remarque l'air sombre du roi et l'interroge sur sa tristesse.

– Ce n'est pas de la tristesse mais de l'humiliation.

Le roi explique à sa maîtresse le vol de Fouquet et son intention de le faire arrêter par d'Artagnan. Mais, au lieu de l'approuver, la Vallière persuade le roi de ne rien faire contre Fouquet. Le roi est l'invité de Fouquet, il ne peut pas se déshonorer en l'arrêtant chez lui. Le roi accuse la Vallière de défendre le surintendant. Mais la jeune femme réussit à le faire changer d'avis. Malgré lui, il l'admire. Il la prend dans ses bras et Colbert comprend qu'il a perdu la partie. Pourtant, il lui reste une arme. Il fouille dans ses poches et attrape une lettre. À ce moment-là, le roi aperçoit des hommes qui se rapprochent avec des flambeaux [1].

– On vient, dit le roi à la Vallière, tu dois partir.

La jeune femme disparaît au milieu des arbres. Colbert montre alors au roi une lettre sur le sol. La jeune femme vient de la perdre. Le roi se baisse vite et ramasse la lettre juste au moment où Fouquet vient le chercher pour assister à un feu d'artifice. Les deux hommes sont en train de marcher vers le château quand les feux d'artifice éclatent. Le roi profite de la lumière pour lire la lettre de La Vallière. Il s'agit certainement d'une lettre d'amour pour lui. Mais plus il lit, plus il devient pâle. Car il s'agit en réalité d'une vieille lettre de Fouquet pour la Vallière. Sans attendre la fin du feu d'artifice, Louis XIV repart furieux vers le château. Fouquet lui vole ses finances et sa maîtresse ! Le roi fait venir d'Artagnan dans sa chambre et lui demande d'arrêter Fouquet. Mais le mousquetaire le convainc [2] d'attendre le lendemain, quand il sera parti de Vaux-le-Vicomte. Le roi écoute le mousquetaire et se couche très énervé.

Aramis et Philippe, installés dans leur cachette de la chambre

---

1 Un flambeau : un morceau de bois en feu qui sert à éclairer.
2 Convaincre : amener à penser comme soi.

CHAPITRE 4

bleue, observent le roi dans son lit. Dans un premier sommeil, Louis XIV croit apercevoir le visage d'un homme sur le plafond au-dessus de son lit. Ce visage lui ressemble. Se regarde-t-il dans un miroir ? Il doit rêver. Soudain, son lit se met à bouger. Il s'enfonce dans le sol et le plafond s'éloigne. Une minute plus tard, le lit s'arrête. Il fait noir et froid.

— Je fais un mauvais rêve. Je dois vite me réveiller.

Mais il est déjà réveillé et ses yeux sont ouverts. Louis XIV regarde autour de lui : deux hommes armés l'entourent. Chacun porte un grand manteau et un masque sur le visage. L'un d'eux tient une petite lampe à la lumière rouge. Louis saute du lit. Le sol sous ses pieds est humide. Le roi veut savoir si c'est une plaisanterie[3] ou si ce sont des hommes de Fouquet.

— Qui nous sommes n'est pas important, répond celui avec la lanterne. Nous sommes vos maîtres, c'est tout.

Le roi se tourne vers le deuxième homme à la taille impressionnante et lui dit :

— Je ne trouve pas cela drôle. Je vous demande d'arrêter tout cela.

Mais le géant ne bouge pas.

— Mais que me voulez-vous ?

— Vous le saurez plus tard, mon petit monsieur. Suivez-nous !

— Je ne bouge pas d'ici.

— Si vous vous rebellez, je vous roule dans ce manteau et tant pis si vous mourez étouffé.

Le roi comprend que les deux hommes sont prêts à tout et accepte de les suivre. Le trio traverse une longue galerie et monte de nombreux escaliers. Puis, l'un des hommes ouvre une porte de fer et ils se retrouvent à l'extérieur.

— Mais que voulez faire du roi de France ?

---

[3] Une plaisanterie : une action pour amuser.

CHAPITRE 4

Les deux hommes lui interdisent d'utiliser ce nom pour lui. Ils le font monter dans un carrosse caché dans les feuillages. Aussitôt, le carrosse se met en route. Il se dirige vers Paris qu'il atteint vers trois heures du matin. La voiture suit ensuite le faubourg Saint-Antoine avant de franchir une enceinte et de pénétrer dans la cour de la prison de la Bastille.

— Réveillez le gouverneur de la prison, dit le cocher d'une voix forte.

M. Baisemeaux arrive dix minutes plus tard en robe de chambre.
— Que se passe-t-il encore ?

L'homme à la lanterne sort de la voiture et parle au cocher. Ce dernier attrape un fusil et le place sur la poitrine du prisonnier.

— Tuez-le s'il parle ! lui dit l'homme à la lanterne.

L'homme à la lanterne s'approche alors du gouverneur. Ce dernier reconnaît tout de suite Aramis.

— Monsieur le gouverneur, vous aviez raison. Il y a eu une erreur l'autre jour. L'ordre de libération n'était pas pour Marchiali.

— Ah, je me doutais bien, c'est vous qui…

— Je sais, je sais. Une erreur, voilà tout. Je vous apporte une lettre du roi pour libérer Seldon. Lisez donc.

Le gouverneur reconnaît la lettre qu'il a lue l'autre soir. Il y a même la tache d'encre.

— Ah, voilà bien ce que je disais l'autre jour. Mais l'autre ?

— Qui ?

— Marchiali.

— Je vous le ramène.

— Mais cela ne va pas. Il me faut un ordre pour le reprendre.

— Vous n'en avez pas besoin. Où est l'ordre de l'autre soir pour Marchiali ?

Baisemeaux va dans son bureau et le donne à Aramis. Aramis le déchire en quatre morceaux.

— Que faites-vous ?

— He bien : vous n'avez plus d'ordre pour libérer Marchiali ?
— Non.
— Donc vous n'avez pas besoin d'ordre pour le reprendre. Et comme je vous le ramène, c'est qu'il n'est jamais sorti.

Baisemeaux ne comprend pas tout mais accepte les explications d'Aramis.

— Mais pourquoi, vous me ramenez Marchiali ?
— Vous savez qu'il ressemble beaucoup au roi. Eh bien ! À peine en liberté, il s'est habillé comme le roi et a dit partout être Louis XIV. Il est vrai qu'il ressemble beaucoup au roi. Cet homme est fou. Mais attention, vous devez interdire tout contact avec d'autres personnes. Le roi fera tuer tous ceux qui ne respecteront pas l'isolement[4] du prisonnier.

---

4 Un isolement : le fait de rester seul sans voir personne.

CHAPITRE 4

Impressionné, le gouverneur décide de l'enfermer tout de suite. Il fait descendre le roi de la voiture et le conduit avec Porthos (qui porte toujours son masque) dans le cachot où Philippe est resté pendant huit ans. Le roi, pâle et perdu, entre dans la cellule sans dire un mot.

– C'est vrai qu'il ressemble au roi, dit Baisemeaux à Aramis, mais moins que vous ne le dites.

Aramis et Porthos rejoignent le carrosse et repartent sans attendre vers Vaux-le-Vicomte.

CHAPITRE 5

Un nouveau roi

Dans sa cellule, le roi Louis XIV se croit mort. Finalement, la mort est comme un sommeil car elle a ses rêves. Est-ce cela l'éternité ou bien l'enfer ? Mais comment est-il mort ? Il ne s'est rendu compte de rien. Tout à coup, il aperçoit un rat énorme et monstrueux. Il a peur et pousse un grand cri. Il comprend alors qu'il est vivant. Il n'est donc pas mort mais prisonnier.

– Prisonnier ! Moi, moi, prisonnier !

Il cherche une sonnette pour appeler. Mais il n'y a pas de sonnette à la Bastille.

– Qui m'a fait prisonnier ? Fouquet, sûrement. La fête de Vaux était un piège. Mais il n'est pas seul. J'ai reconnu la voix de Monsieur d'Herblay. Mon Dieu, qui sera roi à ma place ? Fouquet ? Ou peut-être mon frère le duc d'Orléans. Et ma mère ? Et La Vallière ? Oh, la pauvre petite ! Nous serons toujours séparés !

Le roi appelle le gouverneur mais personne ne répond. Il frappe la porte de sa cellule avec une chaise. Mais on le croit fou, alors personne ne s'intéresse à lui. Deux heures plus tard, il n'est plus ni roi ni gentilhomme ni homme. C'est un fou qui s'arrache les ongles sur la porte et pousse des cris effrayants.

*

Philippe, lui, est dans la chambre du roi. Il est seul devant ce luxe, cette puissance et le rôle qu'il va jouer. Son âme et son cœur s'ouvrent aux sentiments d'être roi. Il regarde le lit de son frère.

Il découvre sur les draps un mouchoir avec la sueur[1] de Louis XIV. Il se sent mal un instant. Être roi sera-t-il plus dur que d'être prisonnier ? Peut-il supporter de prendre la place d'un autre ? Puis il se reprend. Ce mouchoir et ce lit sont les siens aussi. Il ne fait que reprendre sa place.

– Philippe, fils de France, seul roi de France, sois sans pitié pour l'usurpateur[2].

Alors, Philippe se couche sur le lit royal et appuie le mouchoir sur son front. Il est prêt au combat.

Au petit matin, Aramis le rejoint dans la chambre. Il lui annonce que sa victoire est complète. Louis XIV est à la Bastille et personne n'a découvert son identité. Mais il va faire bientôt jour et d'Artagnan va venir voir le roi. Pour entendre les ordres de Louis XIV au sujet de l'arrestation de Fouquet. Philippe se dit prêt à le recevoir. Mais Aramis a peur que d'Artagnan découvre le changement de roi. Alors, lorsque le mousquetaire vient taper à la porte du roi, c'est lui, Aramis, qui lui ouvre. D'Artagnan est surpris de voir Aramis dans la chambre du roi. Aramis lui annonce que le roi se repose et ne veut voir personne. D'Artagnan insiste car le roi lui a donné rendez-vous ce matin même. Philippe crie alors du fond de son lit :

– Nous nous verrons plus tard.

D'Artagnan ne comprend pas. Aramis ne lui laisse pas le temps de réfléchir et lui tend une lettre du roi :

– Voilà ce que vous voulez savoir. Cet ordre concerne M. Fouquet.

D'Artagnan prend le papier et le lit : le roi laisse la liberté à M. Fouquet, il ne demande pas son arrestation. « Le roi écoute Aramis et lui fait confiance », se dit d'Artagnan. Il accepte donc d'accompagner son ancien mousquetaire auprès de Fouquet pour lui annoncer la nouvelle.

– Je suis libre ? s'étonne Fouquet.

---

1 La sueur : le liquide sur la peau quand il fait chaud.
2 Un usurpateur : il occupe une place qui n'est pas la sienne.

— Vous l'êtes, dit d'Artagnan. Vous pouvez remercier Monsieur d'Herblay.

Fouquet ne comprend pas comment le roi a changé d'avis. Le roi le déteste, pourquoi ne le fait-il pas arrêter ? Bien sûr, Aramis le protège. Mais comment l'évêque peut-il avoir autant d'influence sur le roi ? Lorsque d'Artagnan laisse seuls les deux hommes, Fouquet insiste pour comprendre la relation entre le roi et Aramis. Aramis lui raconte la naissance des deux fils jumeaux de Louis XIII. Il lui dit la vie cachée du second fils et que celui-ci est maintenant son ami. Pour lui, ce deuxième fils a autant de droit que le roi actuel. Fouquet écoute avec attention. Il croit comprendre ce qu'Aramis attend de lui : l'aider à réparer le mal fait au frère de Louis XIV. Mais ce n'est pas cela. Il pense alors qu'Aramis tient Louis XIV car il menace de révéler le secret de son frère jumeau. Mais ce n'est pas cela non plus. Il veut comprendre et interrompt très souvent les explications d'Aramis.

Aramis lui apprend la grande ressemblance entre les deux frères :

— Ils ont la même noblesse dans les traits, la démarche, la taille et la voix, dit Aramis. Par contre le prisonnier de la Bastille est plus intelligent.

— Je comprends maintenant : vous me proposez de changer la place des deux frères ! Mais vous n'imaginez pas la difficulté de faire cela. Vous oubliez la réalité : une telle chose est-elle possible ?

Aramis sourit des difficultés dont parle Fouquet alors que le changement de roi s'est fait de manière très simple. Il lui explique la substitution de cette nuit et lui propose d'aller dans la chambre du roi. Même lui ne pourra pas s'apercevoir que l'homme dans le lit est le prisonnier de la Bastille.

— Mais le roi ? demande Fouquet.
— Quel roi ?
— Le roi... d'hier ?

— N'ayez pas peur pour lui. Il a pris la place de son frère à la Bastille.

— Vous avez détrôné le roi ? Ici, à Vaux ?

Fouquet est furieux. Il se sent déshonoré. Aramis a enlevé le roi chez lui ! Fouquet menace de le dénoncer. Il préfère le tuer ou même mourir que de supporter ce déshonneur. Aramis tente de le persuader de la bonne nouvelle : Fouquet ne risque plus rien maintenant. Mais Fouquet n'accepte pas ces explications.

— Réfléchissez au futur, dit Aramis. Le roi est en prison, vous êtes sauvé.

— Cela m'aide peut-être. Mais je ne l'accepte pas. C'était mon invité, c'était mon roi. Vous avez commis un crime ! Je suis déshonoré à jamais.

— Attention, vous parlez trop fort.

— Je vais parler si fort que tout l'univers va m'entendre !

— Vous dites n'importe quoi, vous êtes fou.

— Je préfère la mort au déshonneur.

Fouquet prend une épée et s'avance vers Aramis qui glisse sa main dans sa poitrine. Cherche-t-il une arme ? Fouquet jette son épée et demande à Aramis de le tuer.

— Tuez-moi.

— Réfléchissez ! Nous n'avons rien fait de mal. Le roi vit et il ne peut plus rien contre vous.

— Je n'accepte pas cette aide de votre part. Mais je veux vous sauver vous aussi. Vous devez quitter Vaux et la France. Je vous donne quatre heures d'avance sur ceux que le roi enverra pour vous attraper.

Fouquet propose à Aramis de rejoindre sa forteresse de Belle-Île. Il pourra se cacher là-bas.

— Moi vivant, personne ne vous fera du mal, dit Fouquet. Donnez-moi la main. Puis courons tous les deux. Vous vers votre vie et moi vers mon honneur.

Aramis retire sa main de sa poitrine. Il n'avait pas d'arme cachée. Mais sa main est rouge de sang. Il s'est gratté la poitrine de rage avec ses ongles. Voulait-il se punir de tout ce qu'il avait fait ? Il passe ses doigts sur le visage de Fouquet et le marque de son sang. Les deux hommes quittent ensuite rapidement la pièce par un escalier secret qui conduit vers l'extérieur du château. Fouquet monte dans un carrosse et quitte Vaux. Aramis ne sait pas quoi faire. Prévenir le prince ? Aller à Belle-Île ? Seul ou avec le prince ? Que se passera-t-il ensuite ? Et Porthos ? Il ne veut pas laisser son fidèle ami tout seul. Aramis monte dans la chambre de Porthos et le réveille :

— Vite, habille-toi, nous partons.

Il aide le géant à s'habiller. Puis, il lui met de l'or et des diamants dans les poches. D'Artagnan apparaît à la porte au même instant.

— Que faites-vous ?

— Nous partons en mission, dit Aramis.

— Vous avez de la chance !

— Je préfère dormir, dit Porthos, je suis fatigué.

— Vous avez vu M. Fouquet ? demande Aramis à d'Artagnan.

— Il est parti en carrosse mais il ne m'a rien dit. Il vous parle plus à vous.

— Écoutez d'Artagnan, dit Aramis, je vous annonce une chose : il va se passer un événement dans la journée qui vous sera très favorable. Et nous, nous partons, adieu !

Les deux hommes se précipitent hors de la chambre.

— Ils se sauvent, se dit d'Artagnan. Mais je peux me tromper. La politique appelle peut-être cela « aller en mission » aujourd'hui.

CHAPITRE 6

Deux rois à la cour

Fouquet arrive en carrosse à la porte de la prison de la Bastille. Il donne son nom. Mais les gardes ne le reconnaissent pas et ne veulent pas le laisser entrer.

— Le major dit que M. Fouquet est à Vaux et qu'en plus, il ne se lève pas aussi tôt le matin !

Fouquet s'énerve et ordonne de laisser passer sa voiture. Mais on ne lui obéit pas. Il sort de son carrosse et entre en courant par la porte ouverte. Les gardes crient et tentent de l'arrêter. Le gouverneur M. Baisemeaux apparaît alors et reconnaît le surintendant du roi.

— Ah, monseigneur, je suis désolé.

— Je vous félicite, dit Fouquet, la prison est au moins bien gardée. Bravo messieurs. Voilà de l'argent pour vous. Je parlerai de vous au roi.

Il s'adresse ensuite au gouverneur et veut voir le prisonnier amené ce matin par Monsieur d'Herblay. Mais Baisemeaux, lui, veut pour cela un ordre signé du roi. Fouquet propose de signer lui-même un ordre mais Baisemeaux veut voir un ordre… du roi ! Fouquet s'énerve et le menace de revenir avec dix mille hommes et des canons pour prendre la Bastille. Il lui donne dix minutes pour se décider. Baisemeaux ne sait pas quoi faire. Fouquet prend alors une plume et écrit un ordre à tout soldat, bourgeois ou gentilhomme d'arrêter l'évêque de Vannes et ses complices, dont M. Baisemeaux. Le gouverneur prend peur et accepte de le conduire auprès de Marchiali.

Plus les deux hommes s'approchent de la cellule et plus des cris de fou se font entendre :

– Au secours, je suis le roi ! M. Fouquet m'a fait enfermer ici. Mort à Fouquet !

Fouquet reconnaît la voix du roi. Il arrache le trousseau de clefs des mains de Baisemeaux et lui dit de le laisser seul avec le prisonnier. Le gouverneur est soulagé, il préfère laisser ces deux fous s'expliquer. Le surintendant ouvre la porte. Les deux hommes se font face et poussent tous les deux un cri d'horreur :

– Vous venez pour me tuer, Monsieur Fouquet ? dit le roi.

– Le roi dans cet état ! dit Fouquet.

Fouquet se jette aux pieds de Louis XIV puis le prend dans ses bras. Mais le roi le croit encore coupable de son enfermement à la Bastille. Alors, Fouquet lui raconte tout ce qu'il sait. Louis XIV ne croit pas à cette histoire de jumeaux. Il n'a pas de jumeau. Pour lui, cette double naissance est une invention. Il veut attaquer le château de Vaux et tuer tous les responsables de cette affaire. Fouquet lui demande la grâce d'Aramis et de Porthos.

– Vous voulez la grâce de vos amis ?

– Mes amis ? Je viens ici vous rendre votre liberté.

– Et je vous pardonne. Mais, ne me parlez plus des deux autres. Allons à Vaux. Mais avant nous passerons au Louvre pour me trouver des habits.

Louis XIV et Fouquet sortent de la cellule. Quand ils passent devant Baisemeaux, Fouquet tend au gouverneur un papier sur lequel il peut lire : « Vu et approuvé : Louis », écrit de la main du roi. Baisemeaux ne comprend décidément rien à cette histoire !

*

Au château de Vaux-le-Vicomte, dans la chambre du roi, Philippe joue son rôle. Les volets sont à moitié fermés et la lumière est faible dans la pièce. Philippe ouvre la porte de sa chambre et

plusieurs personnes pénètrent dans la pièce. Ses valets de chambre l'habillent. Il a vu hier par l'ouverture dans le parquet comment son frère se comportait et il fait comme lui. Il reçoit ensuite ses visiteurs, dont sa mère, Anne d'Autriche, son frère, Monsieur et sa belle-sœur, Henriette. Il trouve sa mère très belle et il se promet de l'aimer. Il décide aussi d'être un bon frère pour Monsieur, celui-ci n'a rien à se reprocher. Henriette, sa belle-sœur est très jolie. Il a peur de voir entrer sa femme, la reine, mais celle-ci ne se présente pas.

Anne d'Autriche lui pose une question sur M. Fouquet. Philippe prononce alors ses premiers mots tout haut. Sa mère remarque une différence dans sa voix et le regarde fixement. Philippe fait évoluer la conversation vers Mme de Chevreuse. Il dit que Mme de Chevreuse voulait vendre un secret à M. Fouquet, puis à M. Colbert, puis plus haut encore.

– Est-ce vrai, Madame ? demande Philippe à sa mère. Cette femme dérange l'ordre de mon royaume, je ne peux pas l'accepter.

Philippe regrette ses paroles car sa mère semble troublée. Il lui fait un tendre baisemain. Il y met son pardon pour ses huit années d'horribles souffrances. Philippe regarde plusieurs fois vers la porte. Il attend avec impatience l'arrivée d'Aramis.

Sa belle-sœur remarque son impatience et lui demande ce qu'il cherche.

– J'attends un conseiller très habile que je veux vous présenter, Monsieur d'Herblay.

– L'évêque de Vannes ?

– Oui, Madame. Un des quatre braves mousquetaires qui ont fait tant de merveilles il y a quelque temps. Il a l'intelligence de M. de Richelieu sans l'avarice de M. de Mazarin.

– Vous voulez en faire votre premier ministre ? demande Monsieur.

– Je vous dirai cela plus tard.

CHAPITRE 6

Philippe réussit à ne pas éveiller le moindre doute dans l'esprit des personnes présentes. Il joue parfaitement son rôle préparé avec son complice Aramis. Rien ne peut venir l'inquiéter. Par contre, il oublie de congédier[1] son frère et Henriette comme le roi le fait chaque matin. Et ceux-ci s'impatientent. Sa mère se penche vers lui et lui dit des mots en espagnol. Philippe ne connaît pas cette langue. Il devient pâle puis se lève.

– Que se passe-t-il ? demande sa mère.

– Quel est tout ce bruit ? répond-il en regardant vers la porte de l'escalier secret.

C'est alors qu'on entend la voix de M. Fouquet :

– Par ici, encore quelques marches, Sire !

Tout le monde se tourne vers la porte mais ce n'est pas Fouquet qui entre mais Louis XIV. Tout le monde pousse un cri en même temps. Anne d'Autriche, qui tient la main de Philippe, crie comme si elle voyait un fantôme. Monsieur tourne la tête d'un roi à l'autre. Henriette croit voir son beau-frère dans un miroir.

Les deux rois restent muets et se regardent avec des yeux qui sont des couteaux. La ressemblance entre les deux hommes est extraordinaire. Anne d'Autriche a le cœur bouleversé. Louis XIV ne s'attendait pas à cela. Il pensait que tout le monde le reconnaîtrait tout de suite comme le seul roi. Fouquet pense à Aramis. Il avait raison : ce second prince est un roi aussi pur que l'autre.

– J'ai sans doute eu tort de ne pas accepter le coup d'État proposé par Aramis, se dit-il.

D'Artagnan essaye de comprendre la situation. Son ancien mousquetaire Aramis était étrange ces derniers jours, il a peut-être la raison maintenant devant ses yeux. Soudain, Louis XIV se précipite vers la fenêtre, déchire les rideaux et ouvre les volets. Une forte lumière envahit la chambre. Colbert entre dans la pièce au même instant et remet un ordre du roi à d'Artagnan.

---

1 Congédier : faire partir.

– Qu'est-ce que c'est ? demande Philippe.

– Lisez, Monseigneur, lui dit le mousquetaire en lui tendant le papier.

Philippe lit les mots écrits par son frère Louis XIV :

M. d'Artagnan conduira le prisonnier aux îles Sainte-Marguerite. Il lui couvrira le visage d'une visière de fer, que le prisonnier ne pourra lever sous peine de perdre la vie.

– C'est juste. Je suis prêt, dit Philippe.

Fouquet s'adresse alors à d'Artagnan :

– Aramis avait raison. Celui-ci est bien autant roi que l'autre.

– Plus ! répond le mousquetaire. Il ne lui manque que vous et moi.

CHAPITRE 7

Un homme malheureux

Le fils d'Athos, Raoul de Bragelonne, est amoureux de Louise de la Vallière. Mais la jeune femme préfère l'amour du roi Louis XIV. Raoul veut donc quitter la France et combattre en Afrique. Il espère mourir à la guerre. Avant cela, Raoul veut dire adieu à d'Artagnan. Mais le mousquetaire est parti en mission pour le roi et ni Athos ni son fils ne savent où il est. Ils vont donc interroger Planchet, le serviteur de d'Artagnan.

– Ah, monsieur le comte, dit Planchet, M. d'Artagnan a disparu.

– Disparu ? répond Athos.

– Vous savez ce que cela veut dire : quand il disparaît, c'est qu'il est en mission. Mais il est passé ici il y a quelques jours avant de partir.

– Ah !

– Il a regardé plusieurs heures une carte de France.

Planchet apporte la carte à Athos. Athos découvre alors des trous d'épingles qui tracent un itinéraire. D'Artagnan s'est dirigé vers le sud du pays, jusqu'à la Méditerranée. Mais, les trous sur la carte s'arrêtent aux alentours de la ville de Cannes. Qu'est-il allé faire là-bas ?

– Quelle coïncidence, dit Raoul à son père. Vous m'accompagnez à Toulon pour mon départ vers l'Afrique et d'Artagnan doit être en route vers Cannes ! Nous le trouverons sur notre route plus facilement que sur cette carte.

Athos et son fils mettent quinze jours pour faire le trajet entre

CHAPITRE 7

Paris et Toulon. Mais ils perdent la trace de d'Artagnan à Antibes. Un pêcheur leur apprend cependant un détail intéressant : un gentilhomme a loué son bateau il y a six jours pour visiter l'île Saint-Honorat. Mais le gentilhomme est arrivé avec une grande caisse de voiture, ce qui n'était pas prévu ! Le pêcheur ne voulait pas l'embarquer mais le gentilhomme lui a alors donné de nombreux coups de canne. Le pêcheur s'est plaint à son syndic[1] de pêcheurs. Mais le gentilhomme a montré au syndic des papiers sans doute important car le syndic l'a obligé à embarquer le gentilhomme sur son bateau.

— Nous sommes donc partis vers Saint-Honorat. Mais, en chemin, le gentilhomme a changé d'avis. Il voulait que je le dépose sur l'île Sainte-Marguerite.

— Que s'est-il passé ensuite ?

— J'ai refusé mais il m'a étranglé. Mon second a pris une hache pour venir à mon aide. On allait lui faire la peau, j'étais dans mon droit ! Mais à ce moment-là, la grande caisse s'est ouverte et un homme avec un masque noir sur le visage en est sorti et m'a menacé.

— C'était qui ?

— Le diable ! Car le gentilhomme a dit : « Ah ! merci Monseigneur. »

— Qu'avez-vous fait ?

— On a sauté à la mer.

— Et les deux voyageurs ?

— Il y avait du vent et le bateau s'est échoué sur l'île Sainte-Marguerite. Nous les avons suivis à la nage. Mais quand nous sommes remontés sur le bateau, les deux étrangers n'y étaient plus. Disparus !

— Étrange.

Athos est intrigué car les façons de faire de ce gentilhomme

---

1 Un syndic : une organisation qui s'occupe de défendre les intérêts des pêcheurs.

ressemblent à d'Artagnan. Mais qui est l'homme masqué ?

Le jour même, Raoul et son père partent pour Sainte-Marguerite. L'île est pleine de fruits et de fleurs. Il y a des orangers, des grenadiers, des figuiers et des citronniers. Des lapins et des perdrix rouges sortent des fougères à chacun de leur pas et courent devant eux. L'île est inhabitée mais il y a une forteresse commandée par un gouverneur du nom de Monsieur de Saint-Mars.

Raoul et Athos entrent dans les jardins de la forteresse. Athos voit alors un soldat qui porte un panier de provisions[2]. Puis, il réapparaît sans son panier. Il a certainement porté son déjeuner à quelqu'un. Tout à coup, une voix appelle Athos d'une fenêtre avec des barreaux sur le donjon. Une main apparaît et jette dans leur direction un objet qui atterrit plus bas sur le sable. Raoul court ramasser l'objet. Il s'agit d'un plateau en argent plein de poussière. Une inscription écrite à la pointe d'un couteau dit :

Je suis le frère du roi de France, prisonnier aujourd'hui, fou demain. Gentilshommes français et chrétiens, priez Dieu pour l'âme et la raison du fils de vos maîtres !

Un cri retentit du haut du donjon et le canon d'un mousquet apparaît. On leur tire dessus !

— Qu'est-ce que c'est ? On tue les gens ici ? hurle Athos.

— Descendez, espèces de lâches, hurle Raoul.

À peine cinq minutes plus tard, huit soldats apparaissent sur le bord du fossé de la forteresse. Un officier leur ordonne alors de viser les deux hommes.

— Ils vont nous fusiller, s'écrie Raoul. Vite, sautons dans le fossé.

C'est alors qu'une voix derrière eux dit :

— Athos ! Raoul ! Mes chers amis, quel bonheur de vous voir ! Le gouverneur vous a ratés mais, un peu plus et je vous tuais !

C'est d'Artagnan !

---

2   Des provisions : de la nourriture et des boissons.

— Pourquoi le gouverneur nous a tiré dessus ? demande Athos.
— À cause de ça.

D'Artagnan ramasse le plat et lit l'inscription. Son visage devient blanc.

— Mon Dieu, dit d'Artagnan, le gouverneur arrive. Ne dites rien. Il ne doit pas savoir que vous savez lire.

— Ce message dit la vérité ? réagit Athos.

— Chut ! Vous êtes des Espagnols et ne comprenez pas le français.

Le gouverneur franchit le fossé sur des planches et demande à d'Artagnan qui sont ces deux hommes.

— Ce sont deux capitaines espagnols que j'ai connus l'année dernière. Ils ne savent pas un mot de français.

Le gouverneur veut lire l'inscription sur le plateau. D'Artagnan lui tend et efface en même temps les lettres avec la pointe de son épée.

— Que faites-vous ? Je veux lire.

— C'est le secret de l'État. Vous savez bien : personne ne doit savoir. Si vous lisez, je dois vous tuer ensuite.

— Et ces messieurs ? Ils comprennent bien quelques mots.

— Ils peuvent peut-être comprendre quelques mots. Mais ils ne lisent déjà pas l'espagnol, alors le français… Rappelez-vous : un noble espagnol ne doit jamais savoir lire.

Le gouverneur ne sait pas quoi penser. Il invite les deux hommes à entrer dans la forteresse. D'Artagnan leur parle en espagnol et les deux gentilshommes acceptent l'invitation. Lorsque d'Artagnan est de nouveau seul avec ses amis, il leur explique la situation. Il garde ici un prisonnier sur ordre du roi. Mais l'inscription sur le plateau est fausse. Un fils de Louis XIII sur l'île Sainte-Marguerite ? C'est bien sûr impossible !

— Sauf si vous l'avez amené ici dans une caisse de voiture et le visage caché derrière un masque noir, dit Athos.

— Comment savez-vous ? De toute façon, cela ne veut pas dire que ce prisonnier est un prince.

— Cela confirme pourtant ce qu'Aramis m'a dit.

— Quoi ? Vous avez vu Aramis ?

Athos a en effet rencontré Aramis après sa fuite de Vaux-le-Vicomte. Il était poursuivi et perdu. Il lui a raconté certains détails sur ce prisonnier. D'Artagnan est désespéré : combien de personnes connaissent aujourd'hui l'existence de ce prisonnier ? Une douzaine, peut-être. Et tous ceux qui le connaissent doivent mourir. À commencer par Athos et Raoul.

Le gouverneur les rejoint pour le dîner. Il interroge d'Artagnan sur les deux Espagnols. Le mousquetaire invente une histoire puis affirme que les Espagnols repartent dès le lendemain. Le gouverneur les laisse pour faire son tour de garde. D'Artagnan propose d'aller chasser quelques lapins. L'île n'est pas grande et la promenade sera belle. En chemin, il les interroge sur leur présence sur l'île. Quand il apprend que Raoul veut partir faire la guerre à cause d'un chagrin[3] d'amour, il tente de le faire changer d'avis. Mais le jeune homme est décidé. Il confie à d'Artagnan une lettre d'adieu pour Louise de la Vallière. Le mousquetaire devra lui donner lorsque Raoul sera mort.

Puis, les trois hommes décident de rentrer dans la forteresse car un orage va bientôt éclater. Ils passent dans une galerie des remparts et voient M. de Saint-Mars marcher vers la chambre du prisonnier. Ils se cachent dans l'angle d'un escalier :

— Regardez, dit Athos, le prisonnier revient de la chapelle.

Ils voient alors un homme vêtu de noir et portant un masque de fer sur le visage. Un casque de fer entoure également sa tête. Les éclairs de l'orage éclairent la scène. Puis, le prisonnier s'arrête. Il regarde l'horizon et respire les parfums de la tempête.

---

3 Un chagrin : une peine, une douleur

CHAPITRE 7

— Venez, monsieur, dit le gouverneur de peur que le prisonnier reste trop longtemps à l'extérieur.

— Dites « Monseigneur », crie alors Athos d'une voix qui impressionne le gouverneur.

— Qui a parlé ? demande Saint-Mars.

D'Artagnan se montre et dit :

— C'est moi. Vous savez que ce sont les ordres.

Le prisonnier dit alors d'une voix terrible :

— Ne m'appelez ni Monsieur ni Monseigneur, appelez-moi *Maudit* !

Puis le prisonnier se remet à marcher et passe une porte de fer qui se referme derrière lui.

— Voilà un homme malheureux ! murmure alors d'Artagnan.

Activités

CHAPITRE 1

1 Lisez le chapitre 1. Avez-vous bien compris ? Cochez la réponse correcte.

1. Cette histoire se passe...
a. ☐ dans l'Antiquité.
b. ☐ au XVIIe siècle.
c. ☐ à l'époque contemporaine.

2. Les deux hommes qui parlent sont...
a. ☐ le roi de France et un ancien mousquetaire, Aramis.
b. ☐ le surintendant des finances et l'évêque de Vannes.
c. ☐ Nicolas Fouquet et le mousquetaire Porthos.

3. Aramis propose de l'argent à Fouquet pour...
a. ☐ organiser une fête pour le roi.
b. ☐ construire une forteresse.
c. ☐ devenir son ami.

4. Madame de Chevreuse va voir la reine déguisée en...
a. ☐ religieuse.
b. ☐ mousquetaire.
c. ☐ domestique.

5. Le secret de Madame de Chevreuse concerne...
a. ☐ le mariage de la reine avec Louis XIII.
b. ☐ la naissance de Louis XIV et d'un frère jumeau.
c. ☐ des lettres écrites par le frère de Louis XIV.

6. La reine...
a. ☐ est très heureuse car elle adore parler de ses trois fils.
b. ☐ remercie son amie de lui rappeler cette histoire.
c. ☐ se sent la plus malheureuse des femmes.

7. À la fin du chapitre, la reine...
a. ☐ appelle ses gardes.
b. ☐ prête de l'argent à son amie.
c. ☐ ne veut pas aller voir son amie dans son château.

2 Piste 1 → **Écoutez le chapitre 1. Mettez les lettres dans l'ordre et retrouvez les mots du chapitre.**

1. E U M S O U Q E I A R T → Aramis est un ancien .... du roi Louis XIII.

2. M I P S S O B L B E I → Aramis veut changer de roi ? Pour Fouquet, c'est ....

3. T N A S S I U P → Fouquet se demande comment Aramis est si ....

4. R C E S E T → Madame de Chevreuse a raconté le .... à Aramis, il y a quinze ans.

5. T T S R E L E → Madame de Chevreuse a gardé les .... écrites par la reine.

3 **Mettez les mots dans l'ordre pour faire des phrases.**

1. d'argent. / a / Fouquet / des problèmes
→ ....

2. renverser / Aramis / veut / un autre. / le roi / et en choisir
→ ....

3. du royaume. / Les lettres / l'argent / Fouquet / accusent / de voler
→ ....

4. voir / la reine. / se déguise / Madame de Chevreuse / pour aller
→ ....

5. L'enfant / dit la reine. / fin malheureuse, / et une / une triste vie / a eu

➜ ....

6. de Louis XIV, / un autre / Le jour / la reine / de la naissance / a eu / enfant.

➜ ....

4 Transformez les phrases au futur simple.

1. Je vous donne les lettres à la fin de votre visite.

➜ ....

2. Tu ne dis ce secret à personne.

➜ ....

3. Aramis parle avec Fouquet dans son bureau.

➜ ....

4. Nous nous revoyons demain chez vous.

➜ ....

5. Vous trouvez mon déguisement incroyable.

➜ ....

6. Les deux enfants ouvrent leurs yeux le même jour.

➜ ....

5 Pourquoi Madame de Chevreuse doit se déguiser pour voir la reine, son amie ?

....

....

....

6 À votre avis, pourquoi a-t-on caché le frère de Louis XIV, né le même jour que lui ?

....

....

....

CHAPITRE 2

1 🔘 Piste 2 → Écoutez le chapitre 2. Vrai ou faux ? Cochez la réponse correcte et justifiez lorsque vous pensez que c'est faux.

	Vrai	Faux
1. Philippe, le prisonnier, est le frère d'Aramis.	☐	☐
2. Philippe croyait que son précepteur était son père.	☐	☐
3. Philippe connaît mieux l'histoire de France qu'il ne le dit.	☐	☐
4. Philippe voit le portrait du roi et comprend qu'il est un danger pour le roi.	☐	☐
5. Philippe veut tout de suite remplacer son frère sur le trône.	☐	☐
6. Philippe ne doit parler à personne de la discussion avec Aramis.	☐	☐

Justification :

....

....

....

2 Lisez le chapitre 2. Associez le début et la fin des phrases puis complétez le tableau.

1. Aramis a glissé…
2. Philippe est descendu dans un puits…

a. qui est l'aîné des deux enfants.
b. car leur discussion était longue.

3. Les médecins et juristes ne savent pas...
4. Aramis est impressionné...
5. Le gouverneur est étonné...

c. pour trouver une lettre.
d. un billet dans le pain du prisonnier.
e. par les paroles réfléchies de Philippe.

1.	2.	3.	4.	5.
……	……	……	……	……

3 **Complétez la grille avec des mots du chapitre et retrouvez le mot mystère qui se cache verticalement.**

1. Philippe n'a …………… vu son visage.

2. Celui qui est sur le trône a le …………… .

3. On a …………… le précepteur et la nourrice de Philippe.

4. La prochaine fois, Aramis rendra à Philippe sa …………… .

5. À la Bastille, Phillipe ne voit que le gouverneur et le …………… .

6. Quand il ressort du puits, Philippe a ses vêtements …………… .

7. Philippe est le …………… enfant de la reine.

```
     1. ▓     I
  2. P ▓
     3. ▓ O
4. L    ▓
     5. ▓ D
  6.    ▓    L
7.      ▓    M
```

Mot mystère :

Louis XIV et Philippe sont deux frères ……………………………… .

4 Complétez les phrases avec la forme négative correcte.

ni...ni, ne ... jamais, ne ... plus ou *ne ... rien*

1. Le prisonnier .... sort .... de sa cellule.
2. Philippe n'a .... regret .... ambition.
3. Le prisonnier .... a .... besoin d'un confesseur.
4. Philippe .... connaît .... de l'histoire de France.
5. Le prisonnier n'a .... argent .... amis.
6. Philippe .... a .... vu son visage.

5 Pourquoi Aramis donne un miroir à Philippe ?

....
....
....

6 À votre avis, Philippe peut-il pardonner à son père, sa mère et son frère d'être prisonnier depuis sa naissance ?

....
....
....

CHAPITRE 3

1 Piste 3 → **Écoutez le chapitre 3. Avez-vous bien compris ? Cochez la réponse correcte.**

1. Aramis dîne à la Bastille, car...
a. ☐ il est un grand ami du directeur.
b. ☐ il vient libérer Philippe.
c. ☐ le directeur l'a invité.

2. Baisemeaux ne comprend pas pourquoi il doit libérer Marchiali, car il a lu...
a. ☐ Philippe sur la lettre et pas Seldon.
b. ☐ Marchiali sur la lettre et pas Philippe.
c. ☐ Seldon sur la lettre et pas Marchiali.

3. Baisemeaux ne veut pas se tromper mais...
a. ☐ il n'y a plus de signature sur la lettre.
b. ☐ Fouquet a signé et pas le roi.
c. ☐ il ne reconnaît pas la signature sur la lettre.

4. Aramis propose à Philippe de...
a. ☐ rester à la Bastille ou de vivre à Versailles.
b. ☐ s'asseoir sur le trône ou de vivre à la campagne.
c. ☐ devenir roi ou mousquetaire.

5. Aramis rêve de devenir...
a. ☐ premier ministre du roi et pape.
b. ☐ roi de France.
c. ☐ directeur de la Bastille.

2 Complétez cet extrait du chapitre 3 avec les mots suivants.

gardes – prisonnier – ordre – porte – liberté – referme – murs – cours – Bastille – barrières

Aramis donne l'................ au cocher de rouler. La voiture franchit les différentes .... de la prison. Aramis et le .... retiennent leur souffle : vont-ils réussir à quitter la .... ? Mais les .... les laissent passer sans problème et les .... s'ouvrent devant le frère jumeau du roi. Enfin, la dernière .... de la prison se .... derrière le carrosse. Il n'y a plus de .... ni à gauche ni à droite. Il ne reste plus que la ....

3 Quel choix Aramis propose à Philippe pour la suite de sa vie ? Cochez la réponse correcte.

1. ☐ Philippe peut devenir roi à la place de son frère ou bien il peut aller vivre libre et heureux dans une belle campagne. Mais il devra travailler pour gagner de l'argent.

2. ☐ Philippe peut prendre l'argent qu'Aramis a dans son sac et vivre à la campagne ou bien il peut devenir le premier ministre de son frère.

3. ☐ Philippe peut aller vivre dans le Bas-Poitou. Il y sera libre, heureux et suffisamment riche grâce à l'argent que lui donne Aramis. Ou bien il peut remplacer son frère sur le trône.

4. ☐ Philippe peut devenir le roi de France ou bien vivre pauvre et malheureux dans une magnifique campagne.

4 Transformez les questions en faisant l'inversion du sujet comme dans l'exemple.

Exemple : Ils mangent quoi ? → Que mangent-ils ?

1. Il se passe quoi dans cette prison ?

→ ....

2. Pourquoi est-ce qu'il faut vérifier la signature ?

→ ....

3. Il ira où après la Bastille ?

→ ....

4. Comment je vais m'y prendre pour choisir ma vie ?

→ ....

5. Qu'est-ce que vous dites de mon plan ?

→ ....

6. Vous voulez que je l'envoie en exil ?

→ ....

5 Quelles sont les différences entre les deux lettres reçues par Baisemeaux ?

....
....
....

6 À la place de Philippe, que choisissez-vous, la tranquillité de la campagne ou le trône de France ? Pourquoi ?

....
....
....

CHAPITRE 4

1 Piste 4 → Écoutez le chapitre 4. Vrai ou faux ? Cochez la réponse correcte et justifiez lorsque vous pensez que c'est faux.

	Vrai	Faux
1. Fouquet organise sa fête grâce à l'argent d'Aramis.	☐	☐
2. Aramis et Philippe sont dans la chambre au-dessous de celle du roi.	☐	☐
3. La lettre trouvée par terre par le roi est une vieille lettre de Fouquet à La Vallière.	☐	☐
4. Deux hommes enlèvent le roi pendant qu'il regarde les feux d'artifice.	☐	☐
5. Aramis et Porthos conduisent le roi à la Bastille.	☐	☐
6. Une fois dans la cellule, le roi hurle : il veut sortir !	☐	☐

Justification :

....
....

2 Lisez le chapitre 4. Puis complétez les phrases avec les mots du chapitre.

1. Allongé sur son lit, on peut voir le **p**........................ de la pièce.

2. Un **a**........................... est composé d'une cuisine, d'une salle de bain et d'une ou plusieurs autres pièces.

3. Un immeuble a toujours plusieurs **é**.......................... .

4. La pièce où l'on dort, c'est la **c**.......................... .

5. On marche dessus : c'est le **p**........................ de la pièce.

6. Quand il fait froid, il faut fermer la **f**...................... .

7. Pour monter ou descendre, on utilise un **e**...................... .

3 Trouvez dans le chapitre 4 les phrases correspondant aux phrases suivantes.

1. Il dépense beaucoup d'argent.

....

2. Le roi est le maître dans sa maison et chez les autres.

....

3. Finalement, le roi écoute les conseils de Madame de La Vallière et abandonne son idée.

....

4. Cela n'est pas grave si vous ne pouvez plus respirer.

....

5. Vous ne devez pas l'autoriser à rencontrer d'autres personnes.

....

4 Conjuguez les verbes pronominaux au présent.

1. Tu .... (se promener) dans le jardin pendant la fête.

2. Nous .... (se déshonorer) si nous arrêtons Fouquet dans son château.

3. Vous .... (se coucher) à quelle heure, sire ?

4. Le lit .... (se mettre) à bouger dans tous les sens.

5. Ils .... (se tourner) en même temps vers le château.

6. Je .... (se retrouver) dans une pièce froide avec deux hommes armés.

5 Pourquoi Colbert montre-t-il ces deux lettres au roi ?

....
....

6 À votre avis, Philippe peut-il laisser son frère longtemps en prison ?

....
....

CHAPITRE 5

1 Lisez le chapitre 5. Avez-vous bien compris ? Choisissez la réponse correcte.

1. Louis XIV se rend compte qu'il vit toujours parce qu'il...
a. ☐ voit un rat énorme dans sa cellule.
b. ☐ rêve de choses désagréables.
c. ☐ ressent le froid de sa cellule.

2. Dans le lit de son frère, Philippe se sent mal, puis...
a. ☐ il décide d'aller libérer son frère.
b. ☐ il va faire un tour dans les jardins.
c. ☐ il veut se battre et prendre sa place de roi.

3. Aramis donne une lettre du roi à d'Artagnan dans laquelle...
a. ☐ il lui demande d'arrêter Fouquet.
b. ☐ il laisse la liberté à Fouquet.
c. ☐ il lui demande de tuer Fouquet.

4. Fouquet n'accepte pas d'aider Aramis car...
a. ☐ le roi est son meilleur ami.
b. ☐ c'est trop difficile d'enlever le roi.
c. ☐ Aramis a arrêté Louis XIV dans son château.

5. Aramis et Porthos quittent le château car...
a. ☐ ils doivent aller libérer le roi.
b. ☐ Fouquet va libérer Louis XIV et dénoncer Aramis.
c. ☐ Philippe les attend à la Bastille

2 Piste 5 → **Écoutez le chapitre 5. Qui dit quoi ? Associez. Attention, une phrase ne correspond à aucun personnage.**

1. Aramis
2. Fouquet
3. Philippe
4. Louis XIV
5. D'Artagnan

a. Réfléchissez au futur. Le roi est en prison, vous êtes sauvé.
b. Je préfère la mort au déshonneur.
c. Sois sans pitié pour l'usurpateur.
d. Ils se sauvent, mais je peux me tromper.
e. La place de mon frère n'est pas en prison, allons le libérer !
f. Qui sera roi à ma place ?
g. je vous donne quatre heures d'avance.
h. Nous partons en mission.

3 Conjuguez les verbes à l'impératif.

1. (ne pas avoir – 2e personne du pluriel)

→ .... peur pour le roi !

2. (parler – 1re personne du pluriel)

→ .... moins fort !

3. (tuer – 2e personne du singulier).

→ .... - moi !

4. (donner – 2e personne du pluriel).

→.......................... - moi la main !

5. (ne pas prendre – 1re personne du pluriel)

→.......................... la fuite !

6. (s'habiller – 2e personne du pluriel)

→.......................... avec ces vêtements.

4 Aramis et Porthos se sauvent-ils ou partent-ils en mission ? Justifiez.

....

....

....

5 À votre avis, Philippe va-t-il réussir à prendre la place de son frère sur le trône ?

....

....

....

CHAPITRE 6

1 Piste 6 → **Écoutez le chapitre 6. Entourez dans la grille 8 mots du chapitre que vous entendez. Puis complétez les phrases avec ces mots.**

A	L	U	M	I	È	R	E	L	X
I	K	L	A	N	G	U	E	I	C
N	P	T	T	D	S	U	È	B	L
V	R	A	R	S	H	X	C	E	V
E	S	R	T	V	A	F	B	R	I
N	U	G	O	A	B	A	G	T	S
T	W	E	C	I	I	L	J	É	A
I	A	N	Z	X	T	K	Q	M	G
O	D	T	L	V	S	P	O	R	E
N	B	D	O	U	T	E	S	N	É

1. Fouquet donne de l'............................ aux gardiens de la Bastille, car ils font bien leur travail.

2. Pour Louis XIV, l'histoire de cette double naissance est une ....

3. Fouquet rend sa .... à Louis XIV.

4. Louis XIV veut passer prendre des .... au Louvre.

5. Philippe ne connaît pas la .... que parle sa mère.

6. Philippe ressemble tellement à son frère que personne n'a de ....

7. Louis XIV veut mettre une visière en fer sur le .... du prisonnier.

8. Les volets de la chambre du roi ne laissent pas passer beaucoup de ....

② Lisez le chapitre 6. Associez les questions aux réponses puis complétez le tableau.

1. Pourquoi Baisemeaux ne veut pas laisser Fouquet voir le prisonnier ?

2. Pourquoi Philippe sait-il recevoir ses visiteurs correctement le matin ?

3. De quel secret parle Philippe ?

4. Pourquoi Fouquet regrette de ne pas avoir accepté le coup d'État d'Aramis ?

5. Qui des deux frères va rester sur le trône ?

a. Selon Madame de Chevreuse, des lettres de Mazarin accusent Fouquet de voler l'argent du royaume.

b. Louis XIV.

c. Car il a observé hier le lever du roi depuis sa cachette.

d. Car Aramis lui dit que le roi tuera ceux qui ne respectent pas son isolement.

e. Car il trouve que Philippe a une belle allure de roi. De plus Louis XIV se méfie de lui.

1.	2.	3.	4.	5.
………	………	………	………	………

3 Complétez avec le pronom démonstratif correct.

celui-ci, celle-ci, ceux-ci ou *celles-ci*.

1. Les visiteurs entrent dans la chambre. Et .... sont impatients de voir le roi.

2. La mère de Philippe ne reconnaît pas sa voix car .... est plus basse que d'habitude.

3. Les volets sont fermés. Et .... empêchent la lumière d'entrer.

4. Les prisonniers sont enfermés dans des cellules. Et .... sont froides.

5. Louis XIV voit son frère pour la première fois. Et .... lui ressemble beaucoup.

6. D'Artagnan donne une lettre à Philippe. De plus, ... est écrite par le roi.

4 Pourquoi le prisonnier doit-il porter un masque sur son visage ?

....
....
....

5 Que feriez-vous à la place de Philippe après l'arrivée de Louis XIV ?

....
....
....

CHAPITRE 7

1. 🎧 Piste 7 → **Écoutez le chapitre 7. Puis répondez aux questions.**

1. À qui Raoul de Bragelonne veut-il dire adieu avant de partir en Afrique ?

....

2. Qu'y a-t-il sur l'île de Sainte-Marguerite ?

....

3. Qui lance le plateau en argent depuis la fenêtre ?

....

4. Pour qui d'Artagnan fait-il passer Athos et Raoul ?

....

5. Qu'est-ce que Philippe est en train de faire quand Raoul et Athos le voient ?

....

2. **Lisez le chapitre 7. Puis, pour chaque personnage, barrez ce qui est faux.**

1. Athos :
Il accompagne son fils dans le sud. Il a rencontré Aramis il y a peu. Il veut délivrer Philippe.

2. Raoul :
Il veut se battre en Afrique. Il déteste d'Artagnan. Il aime Louise de La Vallière.

3. D'Artagnan :
Il lit le message sur le plateau au gouverneur. Il est heureux de voir Athos et Raoul. Il a accompagné Philippe à Sainte-Marguerite.

4. Philippe :
Il a un masque sur le visage. Il jette un plateau en argent en direction d'Athos et de Raoul. Il veut être appelé Monseigneur.

3 Complétez avec le pronom relatif correct.

qui, que, dont ou *où*.

1. C'est le prisonnier ……… porte un masque de fer.

2. Je connais le prisonnier ……… cache le gouverneur de la prison.

3. Le prisonnier ……… vous me parlez est maudit.

4. La forteresse……… est le prisonnier se trouve à Sainte-Marguerite.

5. Il faut donner à manger au prisonnier ……… est dans la cellule de la forteresse.

6. Le prisonnier ……… d'Artagnan a accompagné est dangereux.

4 Pourquoi d'Artagnan parle-t-il espagnol à Athos et Raoul ?

....
....
....

5 Pensez-vous comme d'Artagnan que Philippe est un homme malheureux ? Pourquoi ?

....
....
....

ACTIVITÉS DE SYNTHÈSE

1 Lisez les titres des chapitres et écrivez le numéro correspondant. Puis proposez votre propre titre.

a. Un homme malheureux. ➜ Chapitre n° ....

....

b. Le prisonnier. ➜ Chapitre n° ....

....

c. Un nouveau roi. ➜ Chapitre n° ....

....

d. Un secret d'État. ➜ Chapitre n° ....

....

e. Deux rois à la cour. ➜ Chapitre n° ....

....

f. Le roi disparaît. ➜ Chapitre n° ....

....

g. L'évasion. ➜ Chapitre n° ....

....

2 Classez les scènes suivantes dans l'ordre chronologique de l'histoire. Puis complétez le tableau.

a. Aramis rend visite à Philippe en prison et lui montre le portrait du roi Louis XIV.

b. Philippe est couché dans le lit du roi à Vaux-le-Vicomte.

c. Aramis dîne avec Baisemeaux et repart de la Bastille avec Philippe.

d. Louis XIV arrive dans sa chambre : il y a déjà un roi dans la pièce !

e. Madame de Chevreuse obtient de l'argent de la reine pour rénover son château.

f. Athos et Raoul aperçoivent l'homme au Masque de fer dans la forteresse de Sainte-Marguerite.

g. Le roi est enlevé pendant la fête organisée par Fouquet.

h. Aramis prévient Fouquet : il va lui donner l'argent nécessaire pour organiser une fête dans son château.

1	2	3	4	5	6	7	8
……	……	……	……	……	……	……	……

3 **Associez chaque personnage à l'information correspondante.**

1. Aramis
2. Fouquet
3. Philippe
4. Louis XIV
5. D'Artagnan
6. Baisemeaux

a. Il a grandi dans une maison sans miroir.

b. À la demande du roi, il accompagne un prisonnier sur l'île de Sainte-Marguerite.

c. Son lit s'enfonce dans le sol et il se retrouve dans une pièce sombre et froide.

d. Il décide de ne pas aider Aramis dans son projet.

e. Il ne comprend rien aux changements de prisonniers dans sa prison.

f. Il veut mettre Philippe sur le trône de France à la place de Louis XIV.

4 Conjuguez les verbes au passé composé ou à l'imparfait pour reconstituer le début de l'histoire du Masque de fer.

Il y a 15 ans, Madame de Chevreuse, amie de la reine Anne d'Autriche et ancienne maîtresse d'Aramis, ... (raconter) à Aramis le secret de la naissance de Louis XIV. En effet Anne d'Autriche .... (accoucher), non pas d'un mais de deux enfants : Louis XIV .... (naître) à midi et le second, Philippe quelques heures plus tard. À l'époque, on .... (croire) que le dernier-né .... (être) l'aîné. Philippe .... (pouvoir) donc légitimement prétendre au trône. Quelques personnes seulement .... (connaître) ce secret.

Aramis, à présent riche, ... (aller) voir Fouquet car il .... (savoir) que ce dernier n'.................... (avoir) presque plus d'argent. Colbert qui .... (vouloir) la place de Fouquet lui .... (demander) d'organiser une fête dans son château. Alors Aramis .... (donner) dix millions à Fouquet pour cette fête.

Pourquoi est-ce qu'Aramis .... (agir) ainsi ?

5 À votre avis, quel autre moyen Aramis pouvait-il trouver pour remplacer Louis XIV par son frère ?

....
....
....

6 Selon vous, l'histoire du Masque de fer est-elle plausible ou bien est-ce seulement de la fiction ? Justifiez votre opinion.

....
....
....

FICHE 1 ALEXANDRE DUMAS

Sa vie

Alexandre Dumas est né le 24 juillet 1802 à Villers-Cotterêts, dans le nord-est de la France. Sa grand-mère paternelle[1] est une esclave d'Haïti. Son père est le premier général de l'armée française avec des origines africaines. Alexandre a trois ans quand son père meurt et ce sont ses grands-parents maternels[2] qui l'élèvent. À treize ans, il travaille dans une étude de notaire, mais il veut déjà devenir auteur dramatique[3]. À vingt ans, il s'installe à Paris et travaille dans le secrétariat du Duc d'Orléans[4]. Il écrit aussi des petites pièces de théâtre avec des amis. *La Chasse et l'amour* (1825) le fait connaître et *Henri III et sa cour* (1828) est un grand succès. En 1825, il a un fils (Alexandre) avec une couturière et, en 1831, il a une fille (Marie-Alexandrine) avec une actrice. Son fils deviendra dramaturge comme lui (*La Dame aux camélias* – 1848). On les appelle alors Alexandre Dumas père et Alexandre Dumas fils.

À partir de 1844, Alexandre Dumas père écrit de très nombreux romans-feuilletons[5] historiques pour les journaux, dont la trilogie *Les Trois mousquetaires* (1844), *Vingt ans après* (1845) et *Le Vicomte de Bragelonne* (1848). Il a immédiatement beaucoup de succès, mais il doit aussi faire face à des attaques racistes à cause de la couleur de sa peau. En 1846, il se fait construire le château de Monte-Cristo à Port-Marly à l'ouest de Paris, puis deux ans plus tard un théâtre pour jouer ses œuvres, le Théâtre-historique à Paris. Mais il a des problèmes d'argent. En 1851, il doit vendre son château et son théâtre et part en Belgique. Il revient à Paris en 1853 et crée un journal *Le Mousquetaire*. En 1860, il soutient son ami

Giuseppe Garibaldi, grand artisan de l'unification de l'Italie. Il devient le Directeur des Musées de Naples entre 1861 et 1864 et crée le journal *L'indipendente*.
De retour en France, il se remet à écrire. Il meurt chez son fils à Dieppe, le 5 décembre 1870. Ses cendres sont au Panthéon depuis 2002.

---

1. Sa grand-mère paternelle : la mère de son père.
2. Les grands-parents maternels : les parents de sa mère.
3. Un auteur dramatique : il écrit des pièces de théâtre (on dit aussi dramaturge).
4. Le Duc d'Orléans : il deviendra en 1830 Louis-Philippe 1er, le dernier roi des Français.
5. Un roman-feuilleton : il s'agit d'une histoire publiée en plusieurs fois dans un journal.

1 Lisez le texte. Vrai ou faux ? Cochez la réponse correcte. Justifiez lorsque vous pensez que c'est faux.

	Vrai	Faux
1. Alexandre Dumas est né au début du XIXe siècle.	☐	☐
2. Il reçoit une éducation très stricte de son père pendant sa jeunesse.	☐	☐
3. Il veut devenir auteur dès sa jeunesse.	☐	☐
4. Il a deux enfants avec deux femmes différentes.	☐	☐
5. Sa trilogie sur les trois mousquetaires n'a pas de succès de son vivant.	☐	☐
6. Ses origines haïtiennes l'ont beaucoup aidé dans sa carrière.	☐	☐
7. Il vend son château car il le trouve trop petit.	☐	☐
8. Il passe une partie de sa vie en Italie.	☐	☐

Justification :

....

....

....

Un livre, plusieurs écrivains

Alexandre Dumas a écrit des centaines de livres. Mais en est-il vraiment l'auteur ? On parle de 30, 40 ou parfois même 90 « écrivains fantômes » ou « prête-plumes » qui l'aidaient dans son travail ! Certains ont des noms célèbres : Gérard de Nerval, Théophile Gautier, Eugène Sue. Ceux-là écrivaient seulement quelques pages ou passages. Mais d'autres, presque tous anonymes, travaillaient régulièrement avec lui. Le plus célèbre s'appelle Auguste Maquet (1813-1888). Il a travaillé pendant dix ans avec Alexandre Dumas, notamment sur la trilogie des *Trois mousquetaires* et sur *Le comte de Monte-Cristo* (1844-1846) ou encore *Les Quarante-cinq* (1847-1848).

Mais comment travaillaient les deux hommes ? Dumas donnait les grandes lignes de l'histoire et faisait le plan, Maquet faisait les recherches historiques et écrivait une première version, Dumas corrigeait, ajoutait les dialogues et apportait son style d'écriture ? Difficile de le savoir. On dit parfois que Dumas n'a pas écrit une seule ligne ! En tous les cas, le travail des deux hommes est une réussite : les romans ont eu et ont encore du succès. Il y a même des centaines d'adaptations au théâtre, au cinéma et en bandes dessinées.

2 Lisez le texte. Associez pour former des phrases.

1. Alexandre Dumas est-il l'auteur d'une...
2. Il a eu, dit-on, des...
3. Auguste Maquet a travaillé...
4. Maquet écrivait...
5. Le travail des deux hommes est...

a. ... pendant dix ans avec lui.
b. ... centaine de livres ?
c. ...dizaines de prête-plumes
d. ...la première version des histoires.
e. ...une réussite.

FICHE 2 — LE MASQUE DE FER

De la prison aux livres

Le 19 novembre 1703, un homme meurt à la Bastille. En 23 ans, il a connu les prisons de Pignerol (une ville italienne occupée par les Français), du château d'If, de l'île Sainte-Marguerite et, enfin, de la Bastille à partir de 1698. Depuis le début, Bénigne de Saint-Mars le garde, l'homme porte toujours un masque sur le visage et personne ne peut lui parler. Mais qui était-il et pourquoi Louis XIV l'a enfermé ? On ne le sait toujours pas aujourd'hui.

En 1751, Voltaire parle de lui dans le premier chapitre de son livre *Le Siècle de Louis XIV*. Pour le philosophe, l'homme au masque de fer est le frère jumeau du roi. Son histoire devient alors le symbole du pouvoir autoritaire de Louis XIV. Alexandre Dumas reprend cette théorie dans *Le Vicomte de Bragelonne* (1847) et Marcel Pagnol (1895-1974), l'auteur de *Jean de Florette* et *Manon des sources*, se base sur cette théorie pour écrire un essai historique *Le secret du Masque de fer* en 1973. La légende du Masque de fer est née.

1 **Lisez le texte. Avez-vous bien compris ? Cochez la bonne réponse.**

1. L'homme qui meurt le 19 novembre 1703...
a. ☐ a été arrêté trois jours plus tôt.
b. ☐ est resté plus de vingt ans en prison.

2. Depuis le début il...
a. ☐ garde un masque sur le visage.
b. ☐ parle toute la journée avec son compagnon de cellule.

3. En 1751, Voltaire...
a. ☐ parle de ce prisonnier dans un livre.
b. ☐ retrouve des écrits de ce prisonnier.

4. Pour Voltaire, le prisonnier est...
a. ☐ Louis XIV.
b. ☐ le frère jumeau de Louis XIV.

5. Alexandre Dumas...
a. ☐ reprend la théorie de Voltaire.
b. ☐ ne croit pas à la théorie de Voltaire.

6. *Le secret du Masque de fer* de Marcel Pagnol...
a. ☐ est le troisième ouvrage d'une trilogie.
b. ☐ est un ouvrage historique sur la légende du frère jumeau de Louis XIV.

Prince ou domestique ?

Pour certains, ce prisonnier était un personnage important, membre de la famille royale ou ennemi du roi. Pour d'autres, il était un simple domestique ou, même, une invention de son gardien. Les théories sont nombreuses et très variées ! On parle par exemple du fils de Louis XIV et de Louise de la Vallière, mais aussi de l'enfant illégitime d'Anne d'Autriche, la mère de Louis XIV. On cite Mattioli, un ministre italien, et Nicolas Fouquet, le surintendant des finances de Louis XIV. Et, même, certains pensent qu'il s'agit de Molière, l'auteur dramatique !

Aujourd'hui, le nom d'Eustache Dauger revient dans plusieurs livres. Cet homme était le domestique du trésorier du cardinal Mazarin. Savait-il que

Charles II, le roi d'Angleterre voulait devenir catholique et demandait le soutien de la France contre la Hollande ? Ou bien Mazarin aurait-il volé de l'argent à la famille royale d'Angleterre et Eustache Dauger le savait-il ? Était-il alors devenu trop dangereux pour le cardinal ? Les questions et les mystères sont encore nombreux ! L'homme au Masque de fer reste aujourd'hui encore l'une des plus grandes énigmes de l'Histoire de France, entre fiction et réalité.

2 Lisez le texte. Puis, mettez les lettres dans l'ordre pour compléter les phrases avec le mot correct.

1. L O A R Y E ➜ Pour certains, le prisonnier est un membre de la famille ....

2. I U E Q O M D S E T ➜ Pour d'autres, il est simplement un ....

3. I I N N N E V T O ➜ Et si, en fait, c'était une .... de son gardien ?

4. E U Q I T A M A R D ➜ Molière, l'auteur .... peut-il être le masque de fer ?

5. Y S E M T E È R S ➜ Les .... sont encore nombreux.

FICHE 3 — LES TROIS MOUSQUETAIRES

Les trois mousquetaires sont en réalité quatre : d'Artagnan, Aramis, Porthos et Athos. Alexandre Dumas raconte leurs aventures dans trois romans de cape et d'épée : *Les Trois Mousquetaires* (1844), *Vingt ans Après* (1845) et *Le Vicomte de Bragelonne* (1847). Leur histoire commence avec l'arrivée de d'Artagnan à Paris en 1625.

D'Artagnan

Charles d'Artagnan est un jeune Gascon de dix-huit ans quand Alexandre Dumas le fait arriver à Paris et le décrit ainsi : « Il a le visage long, (…), l'œil ouvert et intelligent, le nez (…) finement dessiné ». D'Artagnan est courageux et rusé. Il aime l'aventure et être reconnu pour ses exploits. Par contre, il ne supporte pas la lâcheté[1] et les traitres. Sa belle carrière chez les mousquetaires le conduira jusqu'au grade de Maréchal de France. Pauvre dans sa jeunesse, il connaît ainsi par la suite les palais du roi comme Le Louvre et Versailles. Sa vie sentimentale est marquée par la mort par empoisonnement du grand amour de sa vie, Constance Bonacieux, une lingère de la reine Anne d'Autriche. Totalement dévoué au roi, il est tué par un boulet de canon à la bataille de Maëstricht en 1673.

Aramis

René d'Herblay a déjà 32 ans quand d'Artagnan arrive à Paris. Dumas dit de lui qu' « Il portait la tête haute, en homme qui a l'habitude du commandement ». Il a reçu dans sa jeunesse une éducation de fils de bonne famille. Ce grand séducteur à la fine moustache a eu plusieurs aventures avec des femmes de la noblesse (il apprécie aussi leur fortune). Il est successivement mousquetaire, abbé, évêque, général des Jésuites, duc d'Alaméda en Espagne et chargé de mission par le roi d'Espagne auprès du roi de France. Aramis connaît beaucoup de monde et est à l'aise dans les complots. Aventurier, il court aussi après l'argent et les honneurs. Il meurt de vieillesse en Espagne à 77 ans.

---

1 La lâcheté : le manque de courage.

Athos

Dumas dit que le comte de La Fère a « une grande beauté de corps et d'esprit ». Issu d'une famille de la noblesse, Athos reçoit une bonne éducation et connaît le grec, le latin, l'anglais, l'histoire et les sciences. Il sait aussi utiliser les armes et est un grand stratège. Il a vingt-quatre ans quand il rencontre d'Artagnan à Paris. Sa santé est fragile à cause d'un coup reçu pendant un duel quand il a trente ans. Mais son courage lui permet toujours de combattre. Grand buveur, parfois intolérant et pessimiste, Athos a un grand sens de l'honneur et de l'amitié. Son malheur : il épouse une jeune fille qu'il croit noble et pure, Anne de Breuil, mais qui est en réalité une criminelle nommée Milady de Winter. Il meurt de tristesse à 64 ans en apprenant la mort de son fils, Raoul, qu'il a eu avec la duchesse de Chevreuse.

Porthos

Alexandre Dumas donne à Porthos du Vallon de Bracieux de Pierrefonds une « nature herculéenne (…) de Titan ». Ce fils de bonne famille est un géant à la force incroyable et à l'appétit énorme. Il a vingt-six ans lors de sa rencontre avec d'Artagnan. Grand propriétaire terrien, il aime l'argent et les honneurs. Ami fidèle et généreux, il est connu pour son courage, mais aussi pour son orgueil et une certaine naïveté. Il meurt écrasé par des rochers à Belle-Isle-en-Mer.

1 **Lisez les présentations des mousquetaires. Puis écrivez les numéros des phrases ci-dessous correspondant à chaque mousquetaire dans le tableau.**

1. Il sait utiliser les gens pour comploter.
2. Il a une grande force physique.
3. Il a un haut grade dans l'armée à la fin de sa vie.
4. Il meurt à cause d'une chute de rochers.
5. Son fils meurt avant lui.
6. Il arrive à Paris à 18 ans.

7. Il connaît le grec et les armes.

8. Il a des responsabilités dans l'Église.

a. D'Artagnan	b. Aramis	c. Athos	d. Porthos
………	………	………	………

2 Relisez les présentations. Barrez l'intrus.

1. **D'Artagnan** → pauvre - courageux - aventurier - lâche.

2. **Aramis** → séducteur - comploteur - peu sociable - vénal

3. **Athos** → buveur - robuste - éduqué - pessimiste.

4. **Porthos** → avare - gourmand - riche - orgueilleux.

CORRIGÉS

CHAPITRE 1

1. 1. b - 2. b - 3. a - 4. a - 5. b - 6. c - 7. b

2. 1. mousquetaire
2. impossible
3. puissant
4. secret
5. lettres

3. 1. Fouquet a des problèmes d'argent.
2. Aramis veut renverser le roi et en choisir un autre
3. Les lettres accusent Fouquet de voler l'argent du royaume.
4. Madame de Chevreuse se déguise pour aller voir la reine.
5. L'enfant a eu une triste vie et une fin malheureuse, la reine.
6. Le jour de la naissance de Louis XIV, la reine a eu un autre enfant.

4. 1. Je vous donnerai.
2. Tu ne diras.
3. Aramis parlera.
4. nous nous reverrons.
5. Vous trouverez.
6. Les deux enfants ouvriront.

5. Le roi Louis XIV la déteste et elle n'a plus le droit de venir à la cour. Elle doit se déguiser pour avoir le droit d'y aller.

6. Production libre.

CHAPITRE 2

1. 1. Faux. C'est le frère du roi Louis XIV.
2. Faux. L'homme lui parlait avec trop de respect. Il savait qu'il n'était pas son fils. Par contre il se demandait souvent qui il était.
3. Vrai.
4. Vrai.
5. Faux. Il ne se voit pas dans ce rôle et hésite.
6. Vrai

2. 1. d - 2. c - 3. a - 4. e - 5. b

3. 1. jamais
2. pouvoir
3. empoisonné
4. liberté
5. gardien
6. mouillés
7. deuxième
Mot mystère : jumeaux

4. 1. ne sort jamais
2. n'a ni regret ni ambition
3. n'a plus
4. ne connaît rien
5. ni argent ni amis
6. n'a jamais

5. Philippe n'a jamais vu son visage. Il peut comparer son visage dans le miroir avec le portrait du roi et comprendre qu'il est bien le frère jumeau du roi comme Aramis le dit.

6. Production libre.

CHAPITRE 3

1. 1. b - 2. c - 3. a - 4. b - 5. a

2. 1. ordre - 2. cours - 3. prisonnier - 4. Bastille - 5. gardes - 6. barrières - 7. porte - 8. referme - 9. murs - 10. liberté

3. choix n°3

4. 1. Que se passe-t-il dans cette prison ?
2. Pourquoi faut-il vérifier la signature ?
3. Où ira-t-il après la Bastille ?
4. Comment vais-je m'y prendre pour choisir ma vie ?
5. Que dites-vous de mon plan ?
6. Voulez-vous que je l'envoie en exil ?

5. Une lettre est écrite par M. de Lyonne et demande la libération d'un prisonnier appelé Seldon. Elle est signée de M. de Lyonne et du roi. L'autre lettre est écrite par Aramis et demande la libération du prisonnier Marchiali. Elle n'est pas signée.

6. Production libre.

CHAPITRE 4

1. 1. Vrai.
2. Faux. Ils sont dans la chambre au-dessus de celle du roi.
3. Vrai.
4. Faux. Le lit du roi s'enfonce dans le sol et c'est là qu'ils l'enlèvent.
5. Vrai.
6. Faux. Il est complètement perdu et ne dit pas un mot.

2. 1. plafond
2. appartement
3. étages
4. chambre
5. plancher
6. fenêtre
7. escalier

3. 1. Il a des frais énormes.
2. Le roi est partout chez lui.
3. La jeune femme réussit à le faire changer d'avis.
4. Tant pis si vous mourez étouffé.
5. Vous devez interdire tout contact avec d'autres personnes

4. 1. Tu te promènes
2. Nous nous déshonorons
3. Vous vous couchez
4. Le lit se met.
5. Ils se tournent
6. Je me retrouve

5. Il veut prendre la place de Fouquet et ces deux lettres accusent Fouquet de voler l'argent du royaume et de voler la maitresse du roi.

6. Production libre.

CHAPITRE 5

1. 1. a - 2. c - 3. b - 4. c - 5. b

1.
1. Aramis : a - h
2. Fouquet : b - g
3. Philippe : c
4. Louis XIV : f
5. D'Artagnan : d
La phrase e ne correspond à aucun personnage.

2.
1. N'ayez pas
2. Parlons
3. Tue-moi
4. Donnez-moi
5. Ne prenons pas
6. Habillez-vous

3. Ils se sauvent, car Fouquet va les dénoncer au roi qui va vouloir les faire arrêter.

4. Production libre.

CHAPITRE 6

1.
1. argent
2. invention
3. liberté
4. habits
5. langue
6. doutes
7. visage
8. lumière

2. 1. d - 2. c - 3. a - 4. e - 5. b

3.
1. Ceux-ci.
2. Celle-ci.
3. Ceux-ci.
4. Celles-ci.
5. Celui-ci.
6. Celle-ci

4. Louis XIV veut que personne ne voit sa ressemblance avec lui.

5. Production libre.

CHAPITRE 7

1. À d'Artagnan.
2. Elle est inhabitée, mais il y a une forteresse.
3. Philippe.
4. Pour des capitaines espagnols.
5. Il revient de la chapelle.

2.
1. Il veut délivrer Philippe.
2. Il déteste d'Artagnan.
3. Il lit le message sur le plateau au gouverneur.
4. Il veut être appelé Monseigneur.

3. 1. qui - 2. que - 3. dont - 4. où - 5. qui - 6. que

4. Le gouverneur ne doit pas savoir qu'ils sont français et qu'ils ont pu lire le message de Philippe sur le plateau.

5. Production libre.

ACTIVITÉS DE SYNTHÈSE

1. a. n°7 - b. n°3 - c. n°5 - d. n°1 - e. n°6 - f. n°4 - g. n°3
Production libre pour les titres.

2. 1. h - 2. e - 3. a - 4. c - 5. g - 6. b - 7. d - 8. f

3.
1. Aramis : f
2. Fouquet : d
3. Philippe : a
4. Louis XIV : c
5. D'Artagnan : b
6. Baisemeaux : e

4. Il y a 15 ans, Madame de Chevreuse, amie de la reine Anne d'Autriche et ancienne maîtresse d'Aramis, **a raconté** à Aramis le secret de la naissance de Louis XIV. En effet Anne d'Autriche **a accouché** non pas d'un mais de deux enfants : Louis XIV **est né** à midi et le second, Philippe quelques heures plus tard. A l'époque, on **croyait** que le dernier-né **était** en réalité l'aîné. Philippe **pouvait** donc légitimement prétendre au trône. Quelques personnes seulement **connaissaient** ce secret.
Aramis, à présent riche, **est allé** voir Fouquet car il **savait** que ce dernier n'**avait** presque plus d'argent. Colbert qui **voulait** la place de Fouquet lui **a demandé** d'organiser une fête pour le roi dans son château. Alors Aramis **a donné** dix millions à Fouquet pour cette fête. Pourquoi est-ce qu'Aramis **a agi** ainsi ?

5. Production libre.

6. Production libre.

FICHE 1

1.
1. Vrai
2. Faux : Son père est mort quand il a trois ans.
3. Vrai
4. Vrai
5. Faux : C'est un très grand succès dès la parution.
6. Faux : Il a dû faire face à des attaques racistes.
7. Faux : C'est à cause de problème d'argent.
8. Vrai

2. 1. b - 2. c - 3. a - 4. d - 5. e

FICHE 2

1. 1. b - 2. a - 3. a - 4. b - 5. a - 6. b

2.
1. royale
2. domestique
3. invention
4. dramatique
5. mystères

FICHE 3

1.
a. D'Artagnan : 3, 6
b. Aramis : 1, 8
c. Athos : 5, 7
d. Porthos : 2, 4

2.
1. lâche
2. peu sociable
3. robuste
4. avare

Achevé d'imprimer en France en juillet 2022 par Chirat - 42540 Saint-Just-la-Pendue
Dépôt légal : juillet 2022 - Édition n° 01 - 32/1640/6
N° 202206.0382